・イライラがなくなる！ 本当の願いがかなう！・

いつでもどこでも3分で

心のブロックが消える本

日本マインドブロックバスター協会代表
栗山葉湖
Kuriyama Yoko

河出書房新社

はじめに

人は誰でも、イライラ、モヤモヤ、クヨクヨすることってありますよね。

満員電車でぶつかられてイライラ！

なんとなく将来が不安になってモヤモヤ！

仕事のミスで上司に叱られてクヨクヨ……。

そんなイヤ～な気持ちがほぼ一瞬で消える方法がある、と言ったら信じてもらえますか？

しかも、消していくうちに、自分本来の生き方ができるようになって、望み通りの現実が引き寄せられるとしたら――ワクワクしてきませんか？

申し遅れましたが、私は栗山葉湖といいます。

これまで、多くの方々のマインドブロックを解除し、その人が「潜在意識」で望むままの「本来の人生」を歩むお手伝いをしてきました。

今では、私以外にも解除できる人が増え、およそ10万人以上の方々に「ブロック解除」を体験していただいています。

体験されたみなさんは、

「不思議とイライラが消えた！」

「なんだかモヤモヤしなくなりました」

「気づいたら、願いが叶っていました」

「『こうなったらいいな』ということばかりが現実になります」

とおっしゃいます。


「イライラが消えることと、願いが叶うことって関係ないのでは？」

そう思うかもしれませんね。実は大いに関係があるのです。

私が本書でお話しする「技法」を使うと、むしろイライラやモヤモヤがある人のほうが、思い通りの現実を引き寄せられたりします。


その「技法」とは私が開発した「3分で1個心のブロック解除※ マインドブロックバスター」というものです。以降、本書では「マインドブロックバスター」と呼んでいきます。


この「マインドブロックバスター」は施術者とクライアントさんが1対1のセッションスタイルで行うセラピーです。施術者となれるのはマインドブロックバスター養成講座を卒業した人で、現在1万人を超えています（この技法と、養成講座を卒業した施術者、どちらも「マインドブロックバスター」と呼んでいます）。

とはいえみなさん、最初から施術者を目指していたわけではありません。

多くの人がまずクライアントさんとして実際に体験し、その効果に驚き、養

※「マインドブロックバスター」は商標登録済み

成講座を受講されたのです。

このことからも、「マインドブロックバスター」のすごさがわかっていただけるのではないでしょうか。

実はこの「マインドブロックバスター」、ひとりでも行うことができるんです。本書ではこの「マインドブロックバスター」をひとりで行う「ブロック解除」の方法をご紹介していきます。

難しいことは何もありません。

誰でもどこでも、簡単に行っていただけます。

私も施術者（マインドブロックバスター）のみなさんも日々、この「ブロック解除」を行って、心穏やかに、かつハッピーに暮らしています。

みなさん、最初はイライラ・モヤモヤ・クヨクヨしがちな、人生に不満を抱える方ばかりでした。もちろん私も。

私は大学卒業後、20年以上教師をしながら3人の男の子を育ててきました。

学校では様々なストレスにさらされ、家ではやんちゃな男の子を叱ってばかりの日々。いつも周りのことに心をかき乱され、自分のことは完全に後回しで、そんな自分に嫌気がさす毎日でした。それが「ブロック解除」を行うようになって大きく変化したのです。

・イライラ、モヤモヤしてもすぐ消えるようになった
・好きなときに好きなことができるようになった
・憧れのハワイに何度も行けるようになった
・夫が家事をやってくれるようになって夫婦円満に
・多くの人に喜んでもらえる仕事ができるようになった
・望み通りの働き方で想定外の高収入に
・ひょんなことから一戸建てが手に入った
・思い通りの人生を歩いていく自信がついた

もちろん私だけではなく、「ブロック解除」によって人生が激変した方は数

多くいらっしゃいます。自分の容姿がコンプレックスだったのに女優デビューをされた方、自社を上場企業へと成長させた社長、病気を患い人生のどん底にいたのに健康を取り戻し、好きなことを仕事にして生き生き暮らしている方……とてもここには書き切れません！

こんな話をすると、

「そうは言っても、『マインドブロック』を解除するなんて難しそう……」

と感じる方もいるかもしれませんね。

それが……笑っちゃうくらい簡単なのです！

イライラを掘り下げることも、心の奥をのぞき込むことも、トラウマを探すことも、ノートに書き留めることも、複雑なワークも必要ありません。むしろこうした「何かしなきゃ！」という「やる気」が邪魔になります。

いつでもどこでも、やる気のな〜い状態でＯＫ。

それを続けることで誰もが自分の望む人生を歩んでいくことができます。

今は半信半疑でも大丈夫です。本書を読み進めるうちに「なるほど」「私でもできるわ」「日々の流れが変わってきた！」と気づいていくと思います。

それはまるで、冒険旅行をしているような感覚かもしれません。

それでは始めましょう。新しい世界への旅を！

栗山葉湖

Contents

Chapter 3
《実践》「ブロック解除」の4つのステップ

Chapter 4

おさえておきたい！「ブロック解除」8つのポイント

Chapter 5

「夢を邪魔するブロック」を手放したい！

Chapter
6

「お金のブロック」を手放したい！

Chapter

1

「マインドブロック」って何？

「ブロック解除」すると何が起きる？

「マインドブロック」という言葉を聞いたことがありますか？

「心の奥にあるネガティブなもの？」

「トラウマみたいなものかな？」

など、様々なイメージをもたれている方もいるかもしれません。


マインドブロックとは「潜在意識」の中にいわば「思い込み」のような形で刷り込まれているもので、私たちの日々の行動や感情を左右しています。

ネガティブなものとは限らず、トラウマのような特別なものでもありません。誰にでも当たり前にマインドブロックがあって、それは人間関係や恋愛、仕事、そしてお金など、様々な場面に影響を与えています。

マインドブロックについて詳しくはこの章の後半でお伝えしますが、まずはこのマインドブロックを解除すると何が起こるか簡単にお話ししていきますね。「ブロック解除」はいろいろなシーンで行いますが、例えば「今、なんか苦しい」「自分がイヤだ～」「あの人ってムカつく！」「将来が不安……」というネガティブな感情が生まれたときにしてもらうのがわかりやすいと思います。

そして、「ブロック解除」できると、例えば同じことが起こったときに「なぜか苦しくない」「自分をイヤにならない」「ムカつかない！」「不安にならない」なんてことが起こります。自分の気持ちがいつの間にか変わっているんです。

気持ちだけではありません。現実の出来事そのものも変わります。

「自分を苦しめていた同居の義母が、ひとり暮らしを始めたいと言ってきた」
「憧れの仕事につけて自分を好きになれた」

「ムカつく上司が突然異動になった」

こんなふうに、現実が思い通りに変わるのです。

マインドブロックを解除したらマインドが変わるのはいいとして、現実そのものが変わるというのは理解しがたいかもしれません。

しかし、施術者（マインドブロックバスター）とペアで行う「ブロック解除」のセッションでも、現実そのものが変化した方が大勢いらっしゃいます。

むしろ「ブロック解除」は現実に変化を起こすためにやるものなのです。

ではなぜ、こんな不思議なことが起こるのか。

それは「ブロック解除」が「潜在意識」にアプローチするからです。

「ブロック解除」をすると「潜在意識」が変わる。
「潜在意識」が変わると現実が変わる。

意識を変えると現実が変わるなんてアヤシイと思うかもしれませんが、まずはそもそも「潜在意識」がどういうものかを少しだけお話ししましょう。

心の中には「顕在意識」という「意識できる領域」と、「潜在意識」という「無意識の領域」があります。「潜在意識」は人間の意識の90％以上を占めており、私たちの行動にはかりしれない影響を与えています。

「なぜか、こんなことをしてしまう」「つい、こう思ってしまう」など、自分でもよくわからない行動や思考をしてしまうとき、それは「潜在意識」のしわざかもしれません。

ということは、自分の「潜在意識」さえわかれば、「なぜ、こんなことをしてしまうのか」「なぜ、こう思ってしまうのか」にも気づきそうですが……それは難しいのですね。

なぜなら、「潜在意識」は言葉にできないからです。

例えば、朝起きたときの脳内の声、「眠いなあ」「なんか体がダルい」「昨日、夜遅かったからな」「今日こそは早く寝よう」「あ、もうこんな時間！」……これらは全部「顕在意識」の声です。では「潜在意識」の声は……言葉にできません。強いていえば、モヤッとした感覚くらいです。

言葉にできるのは、「意識できるもの」だけなので、意識できない「潜在意識」は言語化できません。これはとても大切なので、覚えておいてくださいね。

「引き寄せの法則」では引き寄せられない理由

「潜在意識」は言葉にできない。

だから、「アファメーション」なども、ちょっと注意が必要です。

突然「アファメーション」なんて言葉が出てきて驚かれたでしょうか。

「アファメーション」というのは、ポジティブな言葉をくり返し自分に語りかけることで、「潜在意識」に働きかけるワークのこと。


「私はやりたい仕事をして豊かに暮らしています」

「私は愛する人に愛されて幸せです」


こんなふうに「理想の自分」を肯定形＆現在進行形で表現して「潜在意識」に「なりたい自分」を刷り込ませていくと願いが叶うというものですが、そもそも「潜在意識」には言葉が届かないので、届くのは「顕在意識」まででしょう。「引き寄せの法則」にも同じような限界があったりします。

「引き寄せの法則」は話題になったので、ご存じの方も多いと思いますが、簡単にいうと、「いいことを考えればいいことを引き寄せ、悪いことを考えれば悪いことを引き寄せる」というもの。この法則を使って願いを叶えることを「引き寄せ」なんて言ったりします。

やり方は「アファメーション」に似ていて、自分の望みを現在進行形もしくは現在完了形で表現し、実際にそうなった状態を具体的にイメージして、手に入れた喜びを思い切り感じる――こうすることで、「潜在意識」が変わり、引き寄せる現実が変わっていくと言われています。

言葉だけではなく、「手に入れた感覚を味わう」というのがポイントで、この言葉にできない感覚はたしかに「潜在意識」の領域です。

もちろん、なんの疑いもなく素直にその感覚を味わえ、信じ切れる人は、

「引き寄せの法則」が効くかもしれません。

気づいたら望みのものが手に入っていた、望んだ形とはちょっと違うけど、味わいたかった感覚をいつの間にか味わっていた……なんていう人もいるでしょう。しかし……実は効果がない人もたくさんいます。

むしろ、そちらのほうが多いでしょう。もしかしたら1割くらいの方にしか効果がないかもしれません。それはなぜでしょうか。


「潜在意識」の中にマインドブロックがあるからです。


例えば、「私は好きな仕事についてお金持ちになり、素敵なマンションで愛する人と幸せに暮らしています」とアファメーションして、ポジティブな現実を引き寄せようとしても、マインドブロックがあるとモヤッとした感覚があったりします。

このモヤモヤ感をあえて言葉にするなら、

「そうは言っても、今お金持ちになってないし」

「いくらなんでも、現実と離れすぎてるよね」
「そもそも私ってそんな自分になりたいの？」
ということでしょうか。

このモヤモヤ感がマインドブロックです。

モヤモヤ感と表現しましたが、「潜在意識」にあるので言葉にできませんし、気づかない人がほとんど。

ただ、「引き寄せの法則」を実践してもうまくいかない人の大多数は、このマインドブロックが邪魔していると言っていいでしょう。

そもそも「こうしたい」という願いのほとんどは、「潜在意識」では「今はそうではない」という声に変わるんですね。

ハワイに住んでいる人は「ハワイに住みたい！」って思いませんよね。結婚している人は「結婚したい！」って思わないでしょう。「〇〇したい」と思えば思うほど、「今はそうではない」という認識が濃くなるんです。

例えば、モルディブにリッツ・カールトンホテルができましたが、行きたいなと思っても、ホームページを見た瞬間に、「高い！　無理！」って思うわけです。自分でそれを認識してなくても思っています。なぜなら、本当に行ける人は、「いつ空いてるかな？」とスケジュールを調べますから。

「行きたいな」「したいな」と願っている時点で、「潜在意識」は「そうじゃない」と言っているのです。「あの会社に就職したいな」「あの人と結婚したいな」「こんな暮らしがしたいな」という願望も全部、心の中では「無理」という声が響いています。

だから、「〇〇したい」と思えば思うほど「無理」という意識が強くなって、マインドブロックが分厚くなっていくのです。

「それじゃ、何も引き寄せられない！」と思うかもしれませんね。

大丈夫です。

「引き寄せ」と同時に「ブロック解除」をすればいいだけですから。

例えば、

「私は好きな仕事についてお金持ちになり、素敵なマンションで愛する人と幸せに暮らしています」

と唱えて、望む現実を引き寄せようとするなら、同時に湧いてくるモヤモヤ感（「どうせ無理」などの気持ち）を「ブロック解除」すればいいのです。

マインドブロックは言葉にできない

願い事をすればするほど、「どうせ無理」というネガティブな思いが湧いてきて、マインドブロックが厚くなってしまうから、「ブロック解除」が必要。

ここまではご理解いただけたでしょうか。

「ということは、『無理じゃないよ』って『潜在意識』に言い聞かせればいいってこと？」と思うかもしれませんね。ですが、言い聞かせることはできません。

なぜなら、マインドブロックは言葉にできないからです。

「潜在意識」は言葉にできないことはお話ししましたが、同様にマインドブロックも言葉にできません。ここで、マインドブロックについて誤解されそうなことをまとめてみましょうか。

マインドブロックの誤解①

マインドブロックは「ネガティブな思い」である

マインドブロックは「潜在意識」にあるから言語化されません。でも具体的な「思い」がマインドブロックだと誤解されがちなんですよね。例えば、

「私は『どうせモテない』っていうマインドブロックがあるから」

「『お金持ちなんて無理』というマインドブロックがあって」

なんていうのもちょっと違います。

『どうせモテない』『お金持ちなんて無理』は言語化されているので「顕在意識」です。マインドブロックは「潜在意識」にありますから、自分にはどんなブロックがあるのか本来は自分ではわかりませんし、言語化することもできません。

とはいえ、その影響力は絶大です。言うなれば「言葉にはできないけれど、マインドブロックがあるから、こう思ってしまう」という感じでしょうか。

ちなみに、先程ご紹介した例の『どうせモテない』『お金持ちなんて無理』はマインドブロックではなく、マインドブロックから生まれた「思い」です。整理してみましょう。

マインドブロック（言語化できないもの）

↓

思い（「どうせモテない」「お金持ちなんて無理」）

↓

行動や事象（「恋愛に積極的になれない」「豊かさを引き寄せられない」）

マインドブロックは言葉にはできませんが、誰もが日々その影響を受けています。

例えば、親戚のおばさんから「〇〇ちゃん、いい歳なんだから結婚しなきゃダメじゃないの〜」と言われたとしますね。言われたほうとしては、「結婚するかしないかなんて個人の自由じゃない」

「いい歳って何よ。30代で独身なんていっぱいいるわよ」
と反感を覚えるかもしれません。

ただおばさんは、別に失礼なことを言うつもりはなくて、本当に「30すぎて結婚してないのはまずい」と思っているんです。「30までに女は結婚すべき」という思い込みがあって、その「思い」の根っこにはマインドブロックがあります。だから、無意識にそう言ってしまうのです。

マインドブロック（言語化できないもの）

←

思い（「女は30までに結婚すべき」）

←

行動や事象（親戚の子に「結婚しなきゃダメじゃない」と言う）

「行動や事象」にはそれをもたらす「思い」があり、「思い」の根っこにはマインドブロックがあるということがなんとなくおわかりいただけたでしょうか。

「深掘り」には意味がない

こんな誤解をされている方もいらっしゃるでしょう。

マインドブロックの誤解②
マインドブロックの内容がわからないと解除できない

「こう思ってしまうなんて、どんなマインドブロックがあるんだろう」

「自己肯定感が足りないのかな、それとも幼少期のトラウマ？」

そんなふうにマインドブロックを掘り下げようとする方も多くいらっしゃいますが、最初にお伝えしておきます。


マインドブロックは「深掘り」をしません。

なぜなら、マインドブロックは言葉にできないものですから、深掘りしようにもできないのです。「ブロック解除」をする場合も、とくに深掘りなどはしません。それどころか言葉も使いません。

ではどうするのか。

「イメージ」を使います。

イメージこそが、言葉にできない「潜在意識」とつながる鍵になります。

「ブロック解除」の詳しいやり方はＣｈａｐｔｅｒ ３にゆずるとして、もう少しマインドブロックの誤解を見ていきますね。

マインドブロックの誤解③

1回解除したらおわり

心の奥にあるマインドブロックを解除できたら、ドミノ倒しのようにすべてがうまくいって、世界はバラ色になる……。

もしそんなふうに思われていたら、ごめんなさい。誤解です。

マインドブロックは無数にあって、つねに私たちの行動に影響を与えています。天然で能天気な人にはブロックなんてなさそうだと思うかもしれませんが、そういう人のほうがむしろ、実は人様の迷惑にならないように意識して行動していたりします。

それもまたマインドブロックによって選択させられている生き方なのです。

もちろん、苦しいことがあったり、逆に叶えたい願いがあれば「ブロック解除」をします。

しかし、マインドブロックを完全になくすことを目的にはしません。

マインドブロックは、社会で生きていれば、誰しもがあって当たり前。

ちなみに、マインドブロックというと、ネガティブなものという印象があるかもしれませんが、「すごくうれしい」とか「めちゃくちゃ感動した」なんていうポジティブな気持ちの根っこにあるものも、マインドブロックといえばマインドブロックです。

「ネガティブな思い込みを外す」ほうがイメージしやすいかもしれませんが、本来は凪いだ海のようにぼんやりした感じが、ブロックが取れている状態。

それがポジティブな気持ちであっても、わーっと盛り上がることもまた、ある種のマインドブロックのなせるわざです。

マインドブロックはあるのが当たり前。
ブロックを感じたときに、その都度、解除していけばいい。

そんなスタンスでいていただけたらと思います。

「潜在意識」はあなたを幸せにしたがっている

マインドブロックがどういうものか、なんとなくわかってきたのではないでしょうか。マインドブロックを解除すると、日々のイライラから解放されるし、願いが叶う——と言うとみなさんの脳内にハテナが湧いてくるかもしれません。

「ブロック解除」されると、なぜ願いが叶うの？

そうでした。まだご説明していませんでしたね。18ページをもう一度見てみましょう。

「ブロック解除」をすると「潜在意識」が変わる。
「潜在意識」が変わると現実が変わる。

そう。現実を変えてくれるのは「潜在意識」です。ブロックが解除されると、「潜在意識」が本来の自分に戻り、のびのびと働き出す、と言ったらいいでしょうか。

「潜在意識」はいつもあなたを幸せにしようとしています。

本来のあなたはもっと価値の高い存在だと思っていて、ありのままの自分でありのままの気持ちで幸せになれるようにと動いてくれます。

だから「ブロック解除」して「潜在意識」とつながっていくと、願いが叶うのはもちろん、それ以上の思わぬギフトがドサッと入ってくることもあります。

「正社員になって安定した生活がしたい」

というくらいしか願いがなかった人が、気づいたら、自分の才能を楽しく活かせる趣味で人の役に立つ活動ができ、それが人々から称賛され、仲間にも愛され、幸せいっぱいの人生に変わった。さらに正社員にも登用され、先行きの不安から解放された……みたいな感じでしょうか。

そう思うと「潜在意識」ってすっごくいい人ですよね。

あなたの応援団と言ってもいいかもしれません。

ただ、実は「あなたひとりの」応援団というわけでもないのです。
なぜなら、「潜在意識」はつながっているから。

「潜在意識」には、ここまでがAさん、ここからがBさんといったように明確な境界線があるわけではありません。想像しにくいでしょうか。

例えば、恋人にフラれたとします。あなたはどうしても彼と復縁したい。

そのために様々な「ブロック解除」をします。そうやって「潜在意識」とつながっていくと、彼が「やっぱりやり直そう」と言ってくることもあれば、あなたが「彼とは別れてよかったのかも」と気づくパターンもあります。彼が海外に転勤になって会えなくなることもあれば、突然、あなたの元に新しい運命の彼が現れることもあります。

「私は彼との復縁だけが望みなのに！」

と思うかもしれませんが、復縁したとして毎日が喧嘩ばかりだったらどうでしょう。彼に束縛されたり、浮気ばかりされるかもしれません。

そして「復縁したい」という気持ちも、マインドブロックによって生まれた、

「彼にフラれたら私は一生孤独だ」
「彼にしか私を幸せにすることはできない」

という思い込みによるまやかしかもしれません。

もし、まやかしではなく、彼とあなたが一緒になる運命であったら、「ブロック解除」していけば、彼はかならず戻ってきます。こんなふうに、「潜在意識」はあなたが本来の自分のままで幸せになれる現実を用意してくれます。それは彼にとっても、です。

あなたの「潜在意識」は彼の「潜在意識」ともつながっていて、お互いがいちばんいい状態になるように現実が動いていきます。

にわかには信じられないかもしれませんね。「潜在意識」については、本書全体を通して、お話ししますので、今は「？」と思っていても大丈夫です。

とにかく、お伝えしたいのは「『潜在意識』はあなたを幸せにしたがっている」ということ。

私たちはただ「潜在意識」を邪魔するブロックを解除するだけでいいのです。

Chapter

2

「ブロック解除」をすると、いいことがいっぱい！

「ブロック解除」の効用①

イライラ・モヤモヤが消える

実際に行っていただく前に、「ブロック解除」したらどうなるかをもう少し具体的にお話ししていきますね。

まず「ブロック解除」すると、日々感じていたイライラやモヤモヤが消えます。

私自身もそうですし、「マインドブロックバスター」のセッションを受けられたクライアントさんからも、

「夫や子供にイライラしなくなった！」

「仕事のプレッシャーを感じなくなった！」

というお声をいただきます。

私がはじめて自分自身の「ブロック解除」をしたときも、驚くほど気持ちが変わったことを覚えています。

というのも、イライラやモヤモヤの根っこにあるのはたいていマインドブロックだからです。

例えば、夫の言葉にイライラしたなんていう場合、自分自身に「人間関係のマインドブロック」があって、そのために「男ってすごく短気」「女は男の機嫌を取らなきゃいけないもの」「私は気が弱いから人にいばられる」という思い込みが現実になっているだけかもしれません。

にわかには信じられないでしょうか。

ここでちょっとだけ私の話をさせてください。

「ブロック解除」に気づく前、私は教員として多忙な毎日を送っていました。

子供は高校生、中学生、小学生のやんちゃ盛りの男の子３人。

夫も教師をしており、共働きでお互い時間がないので、家庭内の連絡事項は朝に行っていました。するとたいていお金の話になるんですね。

部活で○○が必要だからいくらちょうだい、模試代△△円だから払っておいて、お昼代は？　塾の月謝は？　などと次から次へと——。

夫は裕福な育ちでお金に鷹揚でしたが、私はお金のことを言われると、無性にイライラしました。

自分が家計を管理していたからということもありますが、私自身、あまり裕福ではない家庭に育ったせいか、「お金のブロック」がたっぷりあったのです。

そんなわけで、息子たちとは毎朝、お金のことで喧嘩し、その後の朝の通勤電車の中でもずっとイライラしていました。

当時、とある瞑想法を習っていた私は、そんな自分を変えようとその瞑想法を電車の中で試してみました。しかし、難しい手順をふむ瞑想法なのでなかなかうまくできません。

そこで、習ったものを簡略化し、自分なりにアレンジも加えて、なんとか「お金のブロック」を解除できないか試すようになりました。

手探りで解除していくうちに息子たちとの喧嘩も減り、自分の手法がなんとなく効いているような気がしてきました。そんなある日のこと。

スーパーに立ち寄った私は、自分の変化にはっきり気づいたのです。

私はそれまでスーパーの特売コーナーに行くとなぜかソワソワしていました。値引き率のいいものを買って、1円でも得しないと……そんな思いにとらわれ、いらないものまで買ったり、それを家族にも強要したり。

ところが、その日は特売コーナーの横を通っても、何も感じませんでした。

これまでの、「1円でも安く買わなければ」という焦りをまったく感じなかったのです。特売コーナーの存在を忘れてしまっていたほどです。

そのとき、自分の中の「お金のブロック」が確実に解除されていることに気づきました。

これが本書でお伝えする「ブロック解除」の原型です。

私は様々な試行錯誤をくり返し、この手法を確立していきましたが、きっかけはこのような「ちょっとしたお金のイライラ」です。

「マインドブロックバスター」のセッションに来られる人もまた、最初は「ちょっとしたイライラやモヤモヤを解消したい」という方が多くいらっしゃいます。

するとセッションの場では何も起こらなくとも、数日後、

「気づいたら夫のひと言にイライラしなくなった！」

「あれ？　苦手なママ友と話してもモヤモヤしなくなった！」

ということが起こります。

ブロックによっては、すぐにその変化を感じられるものもあれば、時間がかかるものもあるからです。

「ブロック解除」の効用②
現実が変わる

自分の中のイライラやモヤモヤではなく、現実そのものが変わることもあります。

「夫のひと言にイライラしなくなった！」ではなく「夫がイライラさせるようなことを言わなくなった」、「苦手なママ友と話してもモヤモヤしなくなった！」ではなく「苦手なママ友が引っ越していった」というように。

不思議だと思うかもしれませんが、これはすべて「潜在意識」のなせるわざ。「潜在意識」には私たちの想像もつかないようなパワーがあるのです。

例えば、電車に乗り遅れそうになっても、「ブロック解除」したら間に合ったということも起こります。

「ああ、家を出るのが遅くなっちゃった！　電車に乗り遅れそう」という思いを「ブロック解除」すると、駅に着いてみたら、乗るはずの電車も遅延していて無事乗れた——といったことが本当に多いんです。不思議ですよね。

「ブロック解除」することで、解除前とは違った世界が目の前に展開した、と言うとイメージしやすいでしょうか。

これが「絶対に電車に間に合うぞー」と思っているとダメなんです。「絶対に」と思えば思うほど、「顕在意識」が強くなって「潜在意識」に願いが届かなくなるのです。逆に、「ブロック解除」に慣れてくると、何もしなくてもホームに降りた瞬間に電車が来たり、泊まる予定だったホテルの部屋がグレードアップされていたりということも起きます。「潜在意識」とつながりやすくなるのでしょう。

「ブロック解除」することで、思ってもみない変化が起こることもあります。

例えば、夫の命令口調にうんざりして「あの人のこの言い方、ほんとにイヤだわ」というのを「ブロック解除」したところ、翌日、人事異動の発表があって、パワハラ上司がどこかに飛ばされた、なんていうことも起こります。

「旦那への気持ちを『ブロック解除』したのに、なぜ上司が？」

と思うでしょうね。

ひょっとしたら、夫へのイライラはきっかけにすぎず、「とにかく命令口調でいばられるのがイヤ」という思いがあって、そのブロックが外れたのかもしれません。それで上司がいる現実も変化した……。

とはいえ、「ブロック解除」にこうした「深掘り」は禁物です。言葉でぐるぐる考えると「顕在意識」にとどまってしまいますから。

どんなブロックがあったかなどは、本来考えなくてOKです。

ただ、「自分の『イヤ』を『ブロック解除』したら、思いもよらない場所でラクになることがある」のを覚えておいてください。

「ブロック解除」の効用③
願いが叶う

「ブロック解除」で願いを叶える人も多いです。

「はじめに」でもお話ししたように私もそうですし、やりたかった仕事につけたり、憧れの海外旅行を実現させたり……夢を叶えて輝いている人はたくさんいらっしゃいます。パートナーと出会う方も多いですよ。

例えば、企業にお勤めでアラフォーになるまで仕事一筋だったAさん。彼女が「マインドブロックバスター」のセッションを受けられたのは、別に結婚したいとか、恋人がほしいという理由ではありませんでした。

むしろ今の職場に不満があって、新しい職場を探したい、ほかに天職があるなら挑戦したいという理由でした。ところが、セッションの中で「私どうせ結婚できないし」とか「彼氏なんてできません」という話が度々出てきました。

せっかくだから、「私には彼氏はできない」「結婚なんてもってのほか」「女としての魅力がないから」という思いも「ブロック解除」しましょうとご提案し、ひとつひとつバラバラに「ブロック解除」していきました。

数日後、Aさんは友達に誘われて飲み会に参加したそうです。

別に恋人を探したいとかそういうつもりはなくて、単に友達に会いたかったし、たまたま暇だったし、みたいなノリでした。

ところが、目の前に座っていた男性がAさんに一目惚れしたそうです。猛烈にアタックされ、つき合うことになり、1年後ゴールイン。今ではAさんは幸せな結婚生活を送られています。

もしも「ブロック解除」していなかったら、Aさんは「自分には結婚なんて」と思い続け、彼と出会う現実を引き寄せられてはいないでしょう。

友達に誘われたとしても行かなかったかもしれないし、友達もAさんを誘わなかったかもしれません。

その結果、彼が飲み会で目の前に座ることもなかったでしょう。

「潜在意識」はそれほど強力に現実に作用します。

そして、もうひとつ注目したいのは、Aさんは最初「結婚したい」と思ってはいなかったことです。

「ブロック解除」をして、本人が望まないことが起こることはありません。「結婚したい」というのもAさんの本心でした。ただ、そこにブロックがあって本人が気づかなかっただけです。

「ブロック解除」は願ったことを叶えるのはもちろんですが、願いとして「顕在意識」にあがっていない、「潜在意識」の願いも叶えてくれるのです。

「ブロック解除」の効用④
人と心地いい関係になれる

「マインドブロックバスター」のセッションをしていると、
「○○さんとつき合いたいので、ブロック解除してください」
という方がいらっしゃいます。

実は「ブロック解除」は「○○さんと」と相手を限定するのが苦手です。

「自分を幸せにしてくれる人とつき合いたい」「運命の相手と結婚したい」なら得意ですが、その相手が「○○さん」かどうかはまた別の話なんです。

というのも、○○さんとつき合うかどうかは、「潜在意識」の導き次第。「ブロック解除」した結果、○○さんとつき合うこともあるでしょうし、恋人ではなく一生ものの親友になるかもしれませんし、急に「○○さんのことそんなに好きじゃなかったかも」と気持ちが冷めてしまうこともあります。

つまり「ブロック解除」することで、「いちばん心地いい距離感」になれるのです。


これは恋愛に限らず人間関係でもそうです。

縁のある人とは近づき、縁のない人は離れていく。

「会社の先輩、本当に苦手だな〜」

と思って、そのブロックを解除すると、突然その先輩が異動することもあるし、逆に社内でいちばんのサポーターになってくれることもあるし、先輩自身はなんら変わらなくても、自分がまったく気にならなくなることもあります。

自分が望んでいる関係にはかならずしもならないかもしれないですが、「ブロック解除」することで、苦しい関係になることはありません。

「潜在意識」はどんな距離感が2人にとって最適かを知っているからです。

「ブロック解除」の効用⑤
ありのままの自分でいられる

「ブロック解除」をしていくと、人の目を気にしたり、迎合したりする気持ちがなくなります。

「ありのままの自分」でいられるとでもいいましょうか。

これまで無理して他人に合わせていた人も「これって私の本心なのかな？」「ひょっとしたら自分はイヤなのかもしれない」と立ち止まって考えられるようになります。

そして、いつの間にかのびのび自由に生きている自分に気づくのです。

例えば、こんな方がいました。

Bさんは公務員。安定した職業で周りからはうらやましがられていましたが、日々クレームにさらされる部署におり、共働きで家事もあって、本人はストレスで倒れる寸前でした。

「もう仕事辞めたい！　だけど生活費のことを考えると辞められない……そうだ、ともかくこのストレスをなんとかしよう」と様々なセラピーに通い、「マインドブロックバスター」と出合ったそうです。しかし、セッションを受けた最初の感想は「何コレ⁉」でした。

　Chapter 3をご覧になればわかるのですが、たしかに「ブロック解除」って、はじめは「何コレ⁉」って感じなんですよね。びっくりするほど簡単だし、最初は「こんなので効果があるの？」って誰もが思います。

　ところが、Bさんは自分の変化に驚いたそうです。

　例えば、これまで夫に絶対に言えなかった、「お友達と飲みに行ってくるから遅くなるね」のひと言がサラッと言えたとか。

　これまでどんなに誘われても、夫に相談する前から断っていたBさんでした。

「自分は楽しんではいけない」「子供がいるのに飲み会なんて」というしばりがあったそうです。しかし、「ブロック解除」をしていくうちに、サラッと自分の願いを口に出せるようになりました。そして、絶対許してくれないと思っていた夫が「気をつけて楽しんでおいで」と快く送り出してくれてとても驚いたということです。

こんなふうに、「ありのままの自分」が出せるようになる人もいれば、「ありのままの他人」を受け入れられるようになる方もいます。

Cさんは5歳の男の子のママ。子供についイライラしてしまう自分をなんとかしたいと「マインドブロックバスター」のセッションを受けられました。

話を聞いていくうちに、Cさんの中に「いい子像」がはっきりあることがわかりました。お友達とはいつも仲良くできる、泣いている子がいたら優しくできる、ハイ！と気持ちいいお返事をして、やるべきことはすぐやれる……そんな「いい子像」とはかけ離れた息子を見て、自分の子育てが悪かったのかと自分を責めていたのです。

そこで、Cさんのイライラやモヤモヤをひとつひとつ「ブロック解除」したところ、「うちの子ってこういう個性なのよね」と子供を受け入れられるようになったそうです。そして、自分を責めることなく、子育てを楽しめるようになったとか。そんなママを見て、子供もどんどん落ち着いていきました。

「自分はこうあるべき」「大人は、親はこうあるべき」「子供はこうあるべき」といった思いのもとになっているブロックを外すことで、自分はもちろん、他人の「ありのまま」も受け入れられるようになります。

それはとてもラクで心地いい感覚でしょう。

さて、ここまで「ブロック解除」がどんな変化を起こすかを見てきました。

次章はお待ちかね、「ブロック解除」の方法です！

簡単すぎて拍子抜けしてしまうかもしれませんが、ぜひ実践してみてくださいね。

Chapter
3

《実践》「ブロック解除」の4つのステップ

「ブロック解除」を始めよう！

それではさっそく実践してみましょう。
まずはざっと流れをご紹介します。
最初に、「ブロック解除」したいことを思い浮かべます。

ステップ1 「やる気」をなくす（リラックスする）

ステップ2

「このブロックは何？」と聞く（ブロックのイメージが浮かぶ）

ステップ3

「解除のイメージは何？」と聞く（解除のイメージが浮かぶ）

ステップ4

「ブロックのイメージ」と「解除のイメージ」を入れ替える

はい。これで終了です。簡単でしょう?

どこか場所を確保したり、特別なモノを用意したり、言葉を唱えたりする必要はいっさいありません。自分の頭の中で完結するので、電車の中や街を歩いているときなどいつでもどこでも行えます。

最初は簡単すぎて「これで合ってるのかな?」「ちゃんとできてるのかな?」と不安になるかもしれませんが、実践すればするほどコツがつかめていくと思います。「ブロック解除」は数打つことが大事ですから、気になったらどんどん実践してみてください。

「実践しろと言われても、どんなときにやったらいいかわかりません」

という方もいるでしょう。

「マインドブロックバスター」のセッションでは、クライアントさんの悩みや願望を聞きながら、施術者（マインドブロックバスター）がその悩みや願望にそってひとつひとつ「ブロック解除」を行っていきます。

ですが、ひとりでやる場合は、いつでもどこでもお好きなときにしていただいてOKです。

例えば、こんなときはいかがでしょう。

①イライラ・モヤモヤ・クヨクヨしたとき

例

・上司のひと言にイラッとした
・夫が家事を手伝ってくれなくてモヤモヤ！
・子供が言うことを聞いてくれなくてムカッ！
・彼からＬＩＮＥの返事がこなくて不安
・満員電車で人に押されてイライラ

②解決したい悩みがあるとき

例

・人の目が気になってしまう

・仕事がつらくて辞めたい
・夫とすぐ喧嘩になってしまう
・最近、金欠で不安
・婚活がうまくいかない

③思い通りにしたいことがあるとき

例

・乗り遅れそうな電車に乗りたい
・プレゼンを成功させたい
・5キロ痩せたい
・夫との関係を改善したい
・持病を治したい

④叶えたい夢があるとき

例

・ソウルメイトに出会いたい
・天職を見つけて成功したい
・海外に住みたい
・お金持ちになりたい
・愛する人と幸せな家庭を築きたい

イヤな気持ちになったとき、悩みがあるとき、叶えたい夢があるとき……イヤなことを手放したいときも、いいことを引き寄せたいときも、どちらにも使えるのが「ブロック解除」のいいところです。

「願いを『ブロック解除』したら、逆に叶わなくなるのでは？」と思う人もいるかもしれませんね。

前にもお話ししましたが、「〇〇したい」という気持ちには、それを邪魔する「でも無理」という気持ちがセットで含まれています。その邪魔するものを「ブロック解除」するので、願いは断然叶いやすくなります。

イライラ・モヤモヤしたときこそチャンス！

「ブロック解除」しやすいのはどんなときかというと、「ネガティブな気持ちを抱いたとき」です。「突然イラッとした」「なんかモヤモヤする」「急に悲しい気持ちになった」……。

これは「『潜在意識』に解除すべきマインドブロックがあるよ」のサイン。

「ブロック解除」する絶好の機会なので、「チャンス！」と思ってどんどん解除していってください。イライラやモヤモヤはたしかに不快な感情ですが、「ブロック解除」することで、幸せになるための鍵にもなるのですから、そう考えるとちょっと楽しくなりますよね。

それに、やってみてすぐにすっきりしなくても、「『ブロック解除』したんだから、この件はあまり考えすぎずほうっておこう」と思えるので、かなり気持ちがラクになると思います。

まずは何を「ブロック解除」したいか決めてください。

例えば、「婚活がうまくいかない」だったら、「婚活がうまくいかない」を思い浮かべます。すると、周りが結婚していく焦り、婚活サイトで出会った人とお茶したときの気まずい空気、「いい人いないの？」と母親に聞かれたときのムッとした気持ち……いろんな感情が溢れてくるかもしれません。

「どうして私、うまくいかないんだろう」

「女子力低いのかな、それともハードル高すぎ？」

とぐるぐる考えそうになったら、ストップです。

「ブロック解除」に「深掘り」は禁物でしたよね？

自分の感情を評価したり原因を探したりすると、「顕在意識」の世界にはまり込んでしまいます。ただ「婚活がうまくいかない」を「ブロック解除」しようと決めて、湧いてきた感情を評価せずモヤモヤはモヤモヤのまま「ブロック解除」を始めましょう。

夢を叶えたい場合も同じです。「天職を見つけて成功したい」だったら、それを「ブロック解除」しようと思うだけ。

「『天職を見つけて成功したい』をブロック解除したら、天職も見つからないし、成功もしないのでは？」

と思うかもしれませんが、今までお話ししてきたように「願望」と「無理かも」はセット。

「天職を見つけて成功したい」と思うと同時に「無理かも」という「モヤッと感」は湧いてきます。それが感じられる、感じられないは関係ありません。

「モヤッと感」をあえて言葉にするなら、

「人には天職があるって言うけど、私にはなかったりして」

「この年齢で新しいことを始めても、成功するわけない」

という感じかもしれません。

もし、そのような言葉が頭をよぎっても実際に言葉にはしないでくださいね。

「この願いを邪魔しているものは何？」などと「深掘り」したら、「顕在意識」まっしぐらです。実際には邪魔するもののほうを解除するわけですが、「天職を見つけて成功したい」と思うだけで大丈夫です。そこに「モヤッと感」は含まれています。

ちなみに、「夢」とまではいかない、「ちょっとした願い」も同じです。

「あ〜電車に間に合わないかも〜。どうかお願い、この電車に乗せてください。あれ？　乗せてくださいを『ブロック解除』したら、乗れなくなっちゃう？　間に合わないかものほうを解除しなきゃダメかな」

などと複雑に考えることはありません。

「電車に乗りたい！」という思いを「ブロック解除」するだけでＯＫ。

上手に「ブロック解除」できたら、なぜか信号が全部青で信じられないくらい早く駅に着けたり、電車が遅延して、自分がホームに着いたらまさにやってくる瞬間だったりというミラクルがあるかもしれません。お楽しみに！

ステップ①
やる気をなくす

それでは、それぞれのステップについてもう少し詳しく見ていきます。

ステップ1は「やる気をなくす」です。

驚きましたか？　何かを（ここでは「ブロック解除」）しようとしているのに「やる気をなくせ」って、どういうことでしょうか。

とくに今は「ブロック解除」という新しいセラピー技法にチャレンジするのですから、みなさん「やる気」に満ちていると思います。

この「やる気をなくす」は「ブロック解除」のキーワード。

というのも、解除したいブロックは「潜在意識」の中にあるからです。

「やる気」に満ちているのはまさに「顕在意識」がアクティブな状態。やる気があると、それが邪魔になって、なかなか「潜在意識」とつながれないのです。

「潜在意識」につながるセラピーは古今東西たくさんありますが、みなさんそのために瞑想をしたり、深呼吸したりと、マインドフルネスな状態（意識を今に集中させた状態）をつくろうとします。私もたくさん勉強しました。

そして、あるときふっと気づいたのです。

「自分が深く瞑想に入っているときの心と体の状態って、単に『やる気のない状態』と同じじゃないのかな」

そう思って「やる気のない状態」を目指したところ、難しい瞑想や手法などより、「潜在意識」につながりやすくなりました。

今では「マインドブロックバスター」の資格をもつ方はみなさん「やる気のない状態」になるのが上手ですし、やる気をなくすのが上手な人は、やっぱり

「ブロック解除」が上手です。

「やる気をなくす」という言葉でピンとこない方は「脱力する」でも「ダラッとする」でもいいのですが、とにかく何かがんばろうとしたり、意識的に何かをしたりしようとは思わないでください。

感覚の話なので説明するのが難しいのですが、「自分が人生のプレイヤーであることをやめる感じ」と言ったらいいでしょうか。

例えば、目って目の前のモノを見てますよね。

みなさんは今、この本の文字を見ていらっしゃると思います。

「やる気のない」状態というのは、そこからちょっと意識が後ろに引っ込む感じ。

見ているんだけど、直接見ていない。見ている自分のひとつ内側から見るという感じでしょうか。例えば、「亀が甲羅の中に手足を引っ込める感じ」と言ったらどうでしょうか？　そんなふうにふっと意識を自分の奥に引っ込める――「やる気をなくす」ってそんな感じです。

よく言うのが、リビングのソファでダラッとしている状態です。目の前にテレビがついてるけど、自分でつけたわけでもないし、その番組を見る気もない。でもテレビがついている。このテレビみたいな感じで現実をとらえます。

気配を消すのが上手な人は、この感覚がわかっていただけると思います。

肉体はそこにあるけれど、意識はそこで生きていることをやめている。意識が退却してるというか、自分の体の中に引っ込んでる感じです。

「なんだか難しいです！　『やる気をなくす』ができません」

という方は、むしろここまでの文章を読まなかったことにしてください。

なぜなら「『やる気をなくす』をやらなくちゃ！」って思うのも「やる気」になってしまうからです。

とにかく大切なのは「能動的に何かをしようとしない」ということです。

だから、「やる気がなくせない」という方には、むしろ「やる気があっていいよ」とお伝えしたいです。そのままでＯＫ。

どちらにしても、人間は起きていたら何かしらのやる気はあるもので、完全に「潜在意識」だけにフォーカスするのは難しいのです。

「ブロック解除」は「顕在意識」と「潜在意識」のギリギリのところで行う技法なので、「顕在意識」が混じってても大丈夫。やっている間に「脱力感」みたいなものが身についてくると思います。

まずは、「やる気がないってそんな状態か〜」となんとなくイメージだけして、ステップ２に進みましょう。

ステップ②
「このブロックは何？」と聞く

次に、「ブロック解除」したいことに対して、口には出さずに心の中で「このブロックは何？」と聞きます。

すると、頭に何かよぎると思います。言葉ではありません。モノ、イメージ、ビジュアルです。

もちろん最初は言葉が浮かんでしまうかもしれませんね。

「このブロックは何？」って聞かれているのですから、「それは、昔、彼にフラれたトラウマが……」「自分に自信がなくて……」などなど、言葉が浮かんでしまう気持ちもわかります。そうしたら仕切り直しです。

もう一度、なるべく「やる気をなくす」をしてから、トライしてください。

例えば、「さっきお友達に『最近、太ったんじゃない？　食べすぎなのよ。運動もしてないんだし』って言われたけど、もう少し言い方ってものがあるんじゃない？　腹立つ～」と思ったとしましょう。

そこで「このブロックは何？」って聞いてみます。

さっと何かが浮かびませんか？　浮かんだら、それをキャッチします。

それはランチで食べたパスタかもしれません。栓抜きとかトランプとかパトカーとかサーフボードとかまったく脈絡のないものかもしれません。

脈絡はなくて大丈夫です。むしろ脈絡がないほうがいいです。
なぜならそのほうが「潜在意識」に近いからです。

とはいえ、脈絡があるもの、例えば友達がもっていたバッグが浮かんでしまったらそれでも大丈夫。

もしも何も浮かばないのなら、目の前にあるものをキャッチしてください。目の前にあるマグカップでもペン立てでもカレンダーでもバインダーでもなんでもＯＫ。何も考えず、反射的にひとつに決めます。なるべく「顕在意識」の影響を受けないように、一度目を閉じてパッと開けて、最初に飛び込んできたものを選んでみてもいいと思います。

大事なのはビジュアルであることです。それはモノとは限りません。

自分ではなく知っている誰かでもない人が走っている情景が見えたり、誰かが何かのスポーツをしているところだったり、または喫茶店やカフェでお茶を飲んでいる場面のような「何かのワンシーン」が反射的に浮かぶことがあります。もしくは、漠然と「黄色」「ターコイズブルー」などの色が浮かぶこともあるでしょう。

浮かんだビジュアルは頭のかたすみに置いて、次のステップに移ります。

ステップ③

「解除のイメージは何？」と聞く

「ブロックのイメージ」を頭のかたすみに置いたら、次に「解除のイメージは何？」と聞きます。そうすると、またポッと浮かびますから、浮かんだものをキャッチしてください。

ここで誤解しないでほしいのは、「ブロックのイメージ」と「解除のイメージ」は対《つい》にならなくていいということ。

「ブロックのイメージ」が鉛筆で「解除のイメージ」が消しゴムとか、「ブロックのイメージ」が固く閉ざされた鉄の扉で「解除のイメージ」がその扉がゆっくりと開いていく様子……とか、そんなふうに「脈絡のあるもの」である必要はまったくありません。

「ブロックのイメージ」と同様、「解除のイメージ」も脈絡がなくてOK。

「ブロックのイメージ」が蛇で「解除のイメージ」がおまんじゅうとか、「ブロックのイメージ」が入道雲が広がっていく様子で「解除のイメージ」がオフィスの電話が鳴り響くシーンとか、わけのわからない組み合わせが浮かぶかもしれないのですが、それこそ「潜在意識」とつながっている証拠。

また、「ブロックのイメージ」が悪いイメージで「解除のイメージ」がいいイメージかというと、そうでもありません。「ブロックのイメージ」がひまわりで「解除のイメージ」がゴミ箱なんていうこともあります。

　こう書くと、「ああ、脈絡のあるものを思い浮かべてしまったから、やり直さなきゃ」と思う方もいるかもしれませんが、その必要もありません。

脈絡があっても大丈夫です。

「『ブロックのイメージ』が大根で、『解除のイメージ』が人参なんですけど、これって頭で考えちゃってるから『顕在意識』ですよね？」

なんて考えないほうがいいです。

とにかく１００点とか正解を追い求めないこと。

「ブロック解除」はやらないより、やったほうがいいですから、多少納得いかなくても、どんどんやってください。そもそも純度１００％の「潜在意識」なんて、寝ている間くらいしかつながれません。起きているだけで「顕在意識」は働いています。とはいえ、「潜在意識」に近づく方法はあって、それがこれまでお話ししてきたように「やる気をなくす」ことです。

ぼーっと何も考えずに、浮かんできたものをパッとキャッチする。
浮かんでこなかったら、目の前のものを適当にチョイスする。

そんな感じで「解除のイメージ」をつかんでいただけたらと思います。

ステップ④
「ブロックのイメージ」と「解除のイメージ」を入れ替える

さて、ステップ３で「解除のイメージ」が浮かんだら、「ブロックのイメージ」と頭の中で入れ替えます。この入れ替え方は自由です。自分がいちばんやりやすいやり方で行ってください。ただ単に「ブロックのイメージ」がパッと消えて、「解除のイメージ」が現れるのでもＯＫです。これまで多くの方々が「ブロック解除」をしていますが、入れ替え方は人それぞれ。

ヴァリエーションがいっぱいあるので、特徴的なものをあげていきますね。

入れ替え術①　黒板消しスタイル

いちばん多かったスタイルです。

まず、「ブロックのイメージ」を思い浮かべて、それを黒板消しのようなものでサッと消す。消したところに「解除のイメージ」が現れる、という感じですね。「ブロックのイメージ」と「解除のイメージ」を2つ並べて、ひとつ消す、という方法の方もいました。どちらでもやりやすいほうでOKです。

入れ替え術② 舞台から退場スタイル

これは、私のやり方ですが、先に「ブロックのイメージ」が舞台に出ていて、出番が終わって退場していき、「解除のイメージ」が新しい登場人物のように颯爽《さっそう》と現れるというもの。「ブロックのイメージ」が干しぶどうで、「解除のイメージ」が歯ブラシだったら、「干しぶどう」がお辞儀をしてゆうゆうと舞台を去り、「歯ブラシ」がスタスタと出てくる、みたいな感じです。

入れ替え術③ スマホのスワイプスタイル

スマホの画面をイメージする人も多かったです。

スマホの画面に「ブロックのイメージ」が出てきて、スワイプしてでシャッと消すと「解除のイメージ」が出てきます。「ブロックのイメージ」が箱の蓋を開けているシーンで、「解除のイメージ」が和太鼓を叩いているシーンだったら、「箱の蓋を開けているシーン」をスワイプすると「和太鼓を叩いているシーン」が現れるって感じですね。スマホを使い慣れている人にはイメージしやすいかもしれません。

入れ替え術④ トイレ洗浄スタイル

トイレに流す、なんていう人もいました。しかも和式トイレでレバーを踏んで流すんだそうです。水洗の和式トイレなんて若い方は知らないかもしれませんが、「ブロックのイメージ」がジャッと流れていくのが気持ちいいんだとか。その後トイレから「解除のイメージ」が現れる……ということはなく、目の前に現れるそうです。

入れ替え術⑤ 崖ダイブスタイル

びっくりしたのは「崖から突き落とす」という方法です。「ブロックのイメージ」を崖から突き落とすと、「解除のイメージ」がスルスルと上がってくる。それがいちばん「入れ替わった感じ」がするそうです。

こんなふうに、「ブロックのイメージ」と「解除のイメージ」の入れ替えは自分がいちばんイメージしやすい方法で行ってください。

とにかく、イメージの中で入れ替わっていればＯＫです。

これが「ブロック解除」の4つのステップです。

「やる気」をなくして、「ブロック解除」したいことに対して「ブロックのイメージ」と「解除のイメージ」をたずねて、それを入れ替えるだけ。

あとは、ほうっておきます。イライラやモヤモヤがあったとしても不思議と消えているのが感じられると思います。たとえ、まだイライラやモヤモヤがあってもいったん置いておいて、晩ご飯の準備でも始めましょう。

「潜在意識」が勝手に働いてくれますから。

もちろん、「潜在意識」の変化は自分ではわかりません。

意識できないから「潜在意識」なのです。

ところが、意識の変化に気づかなくても、現実が変わります。

私はこれまで多くの人がこの技法で現実を変えていくさまを見てきました。

ポイントは「イメージ」を入れ替えるというところにあると思います。

「『潜在意識』は言葉にできない」

というのはこれまで何度もお伝えしてきました。

「潜在意識」を言葉にすることはできないし、「潜在意識」には言葉がわからない。だからいくら言葉でアプローチしようとしても、「顕在意識」にとどまってしまって「潜在意識」に届かないのです。

だから、「言葉」ではなく「イメージ」を使うことで「潜在意識」の扉の鍵が開くのだと思います。

さて、大まかに４ステップをご紹介しましたが、まだまだ「？」が飛び交っている方も多いでしょう。

次章でもう少しご説明していきますね。

Chapter

4

おさえておきたい！
「ブロック解除」８つのポイント

ポイント①
「ブロック解除」は何度もやる

「ブロック解除」をしたあと、こんな質問をされます。

「『解除のイメージ』は覚えておいたほうがいいんですか?」

「ときどき頭に浮かべたほうがいいですよね?」

「同じことでモヤモヤしたら、その『解除のイメージ』を思い出すのでしょうか」

「解除のイメージ」は忘れてしまってください。

なぜなら、そのほうが潜在意識に近いから。

例えば、「解除のイメージ」がたこ焼きだったから、いつもたこ焼きを思い浮かべて、たこ焼き屋の前を通ったらたこ焼きを買って食べる……なんてことになったらクタクタになってしまいます。

取引先の人にイライラする気持ちのブロックを「お茶をこぼしてしまったシーン」から「桃を食べているシーン」に替えて解除したとして、イライラするたびに「桃だから、桃だから」と言い聞かせる、なんてこともやめてください。


毎回、イラッモヤッとするたびに「ブロック解除」をしてください。

そのたびに、です。

昨日の「解除のイメージ」がリスだとしても、今日は違うかもしれません。

「解除のイメージを覚えておかねば」みたいな「ねばならない」をなるべく手放すこと。


モヤッとしたら「やる気」をなくして「ブロック解除」。

これをくり返します。

毎回、「ブロックのイメージ」や「解除のイメージ」が違っていても大丈夫です。逆に、「毎回『ブロックのイメージ』がお茶のシーンになっちゃうんです！」だったらそれでもＯＫ。イメージが前回と同じであっても違っていても、入れ替えたらどっちも忘れてください。

大事なのは「やる気」をなくして、気にならなくなるまでやることです。

すると現実のほうが動きます。

自分がまったくイライラしなくなることもあれば、取引先の担当が別の人に代わることもあるでしょう。ストレスを感じる相手がいなくなるパターンというのも割と多いのです。

それも、「こんなワークをしたってあの人がいなくなるわけないわ」とどちらかというと半信半疑であまり信じていなかった、という人のほうが現実が動きます。結果的に自分が望んでいた状態になることが多いです。これにはもちろん、理由があります。次の項目でお話ししていきますね。

ポイント②
「期待しないこと」のほうが叶う

「ブロック解除」すると「いなくなるはずがないだろう」と思う人のほうが高確率でいなくなる――その理由はわかりますか？


それは、こちらが「期待していない」からです。

願いは「期待していないこと」のほうが叶います。


「あのパワハラ上司、異動してほしい！　お願い！　頼む」

と「顕在意識」で期待すればするほど、「潜在意識」の「無理だよね……」という「ブロック」が厚くなっていき、それが現実化します。つまり「無理だよね……」のほうの現実が目の前に現れるのです。

25ページで「『〇〇したい』と思えば思うほど『無理』という意識が強くな

って、マインドブロックが分厚くなっていく」とお伝えしましたが、それと同じ作用です。期待すればするほどブロックされてしまいます。

しかし、「顕在意識」で「あのパワハラ上司、異動してほしいけど、まあ無理だよね〜」と思ったらどうでしょうか。

「潜在意識」は逆に、「いなくなるかもしれないよ」とささやき出します！
「潜在意識」はたいてい「顕在意識」とは逆のことをささやくからです。

例えば、ハワイに住んでいる人は「ハワイに住みたい！」と強く思ったりしません。なぜなら、もう住んでいるからです。「潜在意識」で「ハワイにいるのが当然」と思っていて、現実もそうなっています。逆に「ハワイに住みたい！」と思っている人の「現実」と「潜在意識」はどうなっているのでしょうか。

《顕在意識》「ハワイに住みたい！」
《現実》「ハワイに住んでいない」

《潜在意識》「ハワイに住んでいない」

ここで「顕在意識」がハワイに住むのをもっと期待したらどうでしょう。

《顕在意識》「ハワイに住みたい！　絶対住みたい！」
《現実》「ハワイに住んでいない」
《潜在意識》「ハワイに住んでないよね？　無理だって！」

期待すればするほど、「潜在意識」の「そうではない」が強調されていくのがわかるでしょうか。現実になるのは「潜在意識」のほうなのはこれまでお話しした通りです。つまり、期待すればするほど、期待しないほうが叶ってしまうわけです。ここで、ふっと「期待の圧」を抜いてみたらどうなるでしょうか。

《顕在意識》「ハワイに住みたい！　まあどっちでもいいけど」
《現実》「ハワイに住んでいない」

《潜在意識》「ハワイに住んでいないけど、住めるかもよ〜」

こんなふうに「どっちもありかも」というスタンスでいると、「潜在意識」はことさらに「無理！」と強調しなくなります。「ハワイに住んでないよね？無理だって！」と「ハワイに住んでいないけど、住めるかもよ〜」なら、どちらが「ブロック解除」しやすいかは一目瞭然でしょう。

冒頭の「異動してほしいパワハラ上司」にしても、「絶対異動してほしい！」「『ブロック解除』って万能だもん、異動するよね！」と期待しすぎると、「潜在意識」の「無理無理〜」が作動して、「ブロック解除」できなくなります。「異動しないよね、どうせ」くらいのテンションで、上司にモヤモヤするたびに、「ブロック解除」を行ったほうが効果は出やすいでしょう。

ちなみに、「『上司にモヤモヤしたとき』と『上司に異動して！って思うとき』、どっちのときに『ブロックは何？』って聞いたほうがいいの？」と思う方もいるかもしれませんが、ブロック的にはどっちも同じです。イライラを消したいのも、願いを叶えたいのもブロックは同じだと覚えておいてください。

ポイント③
イメージは「無責任に」キャッチする

結構多いのが、「『ブロックのイメージ』も『解除のイメージ』も浮かばないです」という声。

イメージが浮かばないのは「やる気がありすぎる」からかもしれません。

やる気があるとパッとイメージが浮かんでも「いや〜これじゃない」とか「本当はこういう感じよね」などと考えすぎて、つかみそこねてしまいます。

それで、「(自分が納得できるものは)何も浮かんでこない」と思ってしまうのです。

とにかく、やる気をなくすこと。

そして、イメージが浮かんだら「無責任に」キャッチです。

これまで真面目に生きてこられた方はとくに、「理由もなく、いい加減に選ぶ」という習慣がないかもしれません。

「いいか悪いか」「正しいか正しくないか」「好きか嫌いか」「得か損か」などを無意識に比べながら選んでいるので、「とにかく来たものをキャッチする」ということに居心地の悪さを感じる人もいるでしょう。

ただ、そんな「真面目なプロセス」がこれまでの自分をつくってきたと考えてみるとどうでしょう。もしも自分を変えたいなら、逆から行ったほうが近道です。安心して「無責任なプロセス」を選んでみてください。

最初はちょっとしっくりこないかもしれませんが、瞬間的に浮かんだものを、「無責任に」「何も考えずに」キャッチしてみます。

マグカップが浮かんだらマグカップ、「自転車に乗っている場面」が浮かんだら「自転車に乗っている場面」、「黄色い亀が泳いでいるシーン」が浮かんだら「黄色い亀が泳いでいるシーン」。

「黄色い亀⁉　なんだこれ！」というツッコミも、「なんで黄色なの～」という深掘りも横に置いておきましょう。

最初から１００点を求めないこと。いい加減でいいんです。

浮かんでこなかったら、とりあえず目に入ったものをチョイスです。

スマホでもつり革でもなんでもいいので、目の前にあるものを反射的にひとつ何か選んでみること。目の前のものって、実は相当たくさんあるんですよ。だから、何も考えずに反射的にひとつ選ぶって、案外「潜在意識」に近いんです。

とにかく「潜在意識」に近い状態でイメージをキャッチするのが重要なのです。

私が何度も「やる気をなくす」ことをオススメしているのは、それが「潜在意識」に近いからです。

人は基本的に「顕在意識」で生活しています。唯一「潜在意識」に近づけるとしたら、それは眠っている間でしょう。

「やる気をなくす」というのは、「（起きているのに）眠っている」にいちばん近い状態をつくります。

もちろん、「潜在意識」に近づく瞑想法やセラピー術はたくさんありますが、私が様々な技法を試した結果、いちばん結果を出せたやり方が「やる気をなくす」という方法でした。

とはいえ「やる気をなくす」って、「やる気をなくさなきゃ」って思えば思うほどなくならないもの。まさに「やる気をなくす」ことに「やる気」になってしまっていますから。これまでも様々な方法をお伝えしてきましたが、感覚でつかみ取るのがいちばんです。

ポイント④
解除し続けると、現実が大きく変わる

「ブロック解除」は日々の生活のあらゆるシーンで使えます。

それこそ、「天職を探したい」「ソウルメイトに出会いたい」のような大きなテーマから、「疲れちゃったから電車で座りたい」「食べすぎてしまうのをなんとかしたい」というような日常のささいなことまで様々に。

「大きいテーマと小さいテーマではやり方が違うんでしょうか」

と思われるかもしれませんが、人生を激変させるテーマであっても、日常をちょっとラクにするテーマであっても、やり方は一緒です。


というのも「潜在意識」には、優劣や大きい小さい、重い軽いなどのジャッジがいっさいないからです。

「潜在意識」からしたら、「人から愛されたい！」という強い思いも、「マグカップがほしい」という軽い願いも、どっちも重さは変わらないんですね。私たちからしたら重要度が全然違うのに、「潜在意識」から見たら同じです。

そもそも「潜在意識」にはいいも悪いもありません。
ただ、あるがままにあるものなんです。

例えば、病気とか災害はつらいことだし、体験したくないと感じますが、「潜在意識」にとっては、病気も災害も単にあるがままにあるだけです。そこにはいい悪いのジャッジがありません。

「潜在意識」の中では、すべての出来事は等価値なんです。

「人に愛されたい！」という強い思いも「マグカップがほしい」も「潜在意識」の中では一緒。重たいテーマだから「ブロック解除」しにくいとか、ちょっとしたことだから解除しやすい、ということは本来ありません。ただ、前述したように、重いテーマのほうが「期待値」が大きい分、ブロックが厚くなってしまうことはあります。

とにかく、「ブロック」に小さいも大きいもないので、自分にとってささいなことを「ブロック解除」していくと思わぬ大きな問題が解決することがあります。例えば、「夫がお皿を洗ってくれなくてイラッ」「ママ友の愚痴が長くてモヤッ」みたいなことを「ブロック解除」していったら、「パワハラ上司と揉めていた問題」が突然片づいたりします。

結局、なんの問題を解除していっても、「潜在意識」のブロックがどんどん解除されていくことには変わりありません。

ブロック自体は「ひとつの問題に1個」とは限らないので、小さな「ブロック解除」を続けていくと、現実が大きく変わり出すのです。

ポイント⑤
「ブロック解除」はまとめてやらない

「ひとつのブロックがいろんな問題に影響しているとしたら、そのブロックを突き止めてまとめてやっちゃったほうが早いのでは？」

と思われるかもしれませんが、「共通するブロックは？」と「深掘り」すると「潜在意識」から遠ざかってしまうのはこれまでお話ししてきた通りです。

「旦那や上司の命令口調がイヤだ……ひょっとしたら私は命令口調というものに反応してしまうブロックがあるのかもしれない」

という場合も「深掘り」は禁物。夫に「ちょっとコップ取って」と言われてイラッとしたら「ブロック解除」、「メシ、おかわり」と言われてモヤモヤしたら「ブロック解除」、とひとつひとつやっていきます。

モヤッとしたら即解除、これです。

もちろん、「命令口調がイヤだから」「小さい頃のトラウマかも」と連想してしまうのは悪いことではありませんが、それは全部ほうっておきます。
ただ「なんかイヤだなあ」というふわっとした感じだけにフォーカスして、なるべくまとめず、ひとつひとつ「ブロック解除」していきます。

場合によっては、ひとつの悩みをバラバラに分解したほうがいいケースもあります。

例えば「好きな人に好きと言えない」という悩みを「ブロック解除」するとしましょう。「好きな人に好きと言えない」の中には「自信がないから」「バカにされたらイヤだから」「女から告白したら安く見られるから」などいろいろな「モヤッと感」が紐づいている場合があります。それを全部バラバラにしてひとつひとつ解除していく手もあります。具体的になるので、まとめてやるより解除しやすいと思います。もしも「深掘り」しそうになったら、「ひとつひとつやろう、まずは今の『モヤモヤ』をやろう」とギアチェンジしてください。

ポイント⑥
「ブロック解除」は質より量

「入れ替えがうまくいかないんです」

「ブロックのイメージが消えません」

という声も多いです。

「解除のイメージ」に入れ替えようとしても、「ブロックのイメージ」の残像が残ってしまうんですね。


その場合は、「上からかぶせてしまう」のがオススメ。

「ブロックのイメージ」に「解除のイメージ」をかぶせてしまえば、見えなくなりますよね。あとは多少残像が残っていても気にしないで「解除のイメージ」のほうを見ればＯＫです。

結構みなさん、「このやり方で合ってるんですか？」「『ブロック解除』成功してますか？」と気にする方が多いのですが、ひとつひとつの「ブロック解除」にこだわるのはあまり意味がありません。

なぜなら、「ブロック解除」は質より量だからです。

よく例えるのが、トイレクリーナー。

薬剤を染み込ませたペーパータイプのトイレクリーナーがありますよね。あれって、汚れていると思ったら、サッと拭いて、サッと流しますよね。

そのとき、紙のもち方はこれでよかったかな、拭き方はこれでよかったかな、流し方はこれでよかったかな……なんていちいち考えませんよね。

サッと拭いて、サッと流す。

また汚れを見つけたら、サッと拭いてサッと流す。

「ブロック解除」ってこんなイメージなんです。

お店のご主人にイヤなことを言われたら、お会計する前にサッ。

彼からのＬＩＮＥにモヤモヤしたら、そのまま空を眺めてサッ。

ふと汚れを見つけたら（イラッとしたり、モヤッとしたりしたら）、その場でサッと消す。いつだってどこでだってできます。

ポイント⑦
通勤電車で「ブロック解除」タイム

「『ブロック解除』はどんな場所でやるのがオススメですか？」と聞かれることがありますが、いつでもどこでもできるのが「ブロック解除」の素晴らしさです。「モヤッとしたら即解除」が基本です。

でも、あえてまとめて「ブロック解除」したいなら電車の中でしょうか。

通勤電車なんて、すごくいい「ブロック解除」タイムです。

「ブロック解除」したいことをメモしておいて、電車の中でまとめてやってしまってもいいでしょう。

これから会社に行くのならば、

「今日も朝から部長は不機嫌なんだろうな」

「納期が遅れてるから、取引先の人、怒ってるだろうな」

なんていう「イライラ・モヤモヤ予測」が浮かぶかもしれません。

こうしたまだ起こっていないことでも、「ブロック解除」します。すると、未来が変わるんです。

通勤電車の中でひとつひとつ「ブロック解除」したところ、上司もなぜかごきげんで、取引先の人も快く納期を延ばしてくれて、「今日はなんかいい1日だったな～」なんて終われたりします。ぜひ試してみてください。

帰りの電車の中で、「ああミスしちゃったな～」「あんなことを言うんじゃなかった」と後悔が湧いてきたときも、「ブロック解除」チャンス。すっきりとした気持ちで帰れます。

「これからご飯つくるのめんどうだなー」といった未来への気分を「ブロック解除」するのもいいと思います。

そうやって、通勤電車での「ブロック解除」を習慣にしていると、「ブロック解除」するネタが減っていきます。

もちろん、現実的に「いいことばかりが起こる」というのもありますが、「ブロック解除」していくことで、「潜在意識」とつながり「ありのままの自分」で生きられるようになって、イライラ、モヤモヤしなくなる、というのもあるでしょう。

「顕在意識」の世界だけで生きていると、ついつい人の目を気にしたり、言いたいことを言えなかったり、自信がなくて悪いほうに考えてしまったりして、自分で自分を傷つけてしまうんですね。

「潜在意識」とつながれるようになると、自分が本当にしたいこと、本当に言いたいこと、本当に会いたい人が見えてきます。

「あれ？　最近『ブロック解除』しなくてもよくなったな」と思えたら、自分が少しずつ変化した証拠かもしれません。

ポイント⑧
大人の社会人としてまっとうに生きる

「『潜在意識』はあなたを幸せに導いてくれるから、『ブロック解除』をして、『潜在意識』とつながりましょう」

なんていうと、超スピリチュアル！って感じる人も多いでしょう。

「どんどん『ブロック解除』をして、『潜在意識』とつながれる人になって、スピリチュアルな能力をあげていったほうがいいですよね」

なんて思う人もいるかもしれません。

誤解です。

「ブロック解除」はあくまでも現実世界で幸せになるためのものです。

クライアントさんと施術者（マインドブロックバスター）とで行う「ブロッ

ク解除」のセッションは「3分で1個心のブロック解除」をうたっていますが、これだけ短い時間でできるようにしたのは、「日常生活の邪魔にならない」ようにするためです。

スピリチュアル好きの人は「もっと追求して、能力を高めたい！」と思うかもしれませんが、「マインドブロックバスター」は生活者のための技法です。デスクワーク中でも電車の中でも、散歩中でも買い物中でも、イライラやモヤモヤをパッと手放せる。いろんな願いを現実化できる。「ありのままの自分」に近づき、自分がいちばん心地いい場所で、出会うべき人と出会い、幸せに生きていく、そんな実用的なセラピー技法なんです。

だから、日々「ブロック解除」しつつも、「ブロック解除」に依存しすぎず、大人の社会人としてまっとうに生きていただけたらいいなと思います。

「やる気に満ちて」生活し、「やる気なし」で「ブロック解除」する。

それがよいバランスなのではと思います。

ここまで、「ブロック解除」のやり方やポイントは理解していただけたでしょうか。

次の章から実践編です。

「願望実現」「お金」「人間関係」などの具体的なテーマが続きますので、「ブロック解除」の理解を深めていただけたらと思います。

Chapter

5

「夢を邪魔するブロック」を手放したい！

「ブロック解除」で思い通りの人生を

「『ブロック解除』のやり方はわかったけど、どんなふうに使っていけばいいの？」

という方もいらっしゃるでしょうね。「ブロック解除」を使って人生を激変させた方はとても多いので、ちょっとだけその例をご紹介しましょう。

会社を上場させたDさん

Dさんはある会社の社長さんで、「自分の会社を上場させたい！」という夢をもっていました。

もともとスピリチュアル大好きだったDさん。パワーストーンを身に着けたり、パワースポットに行ったりと開運に余念がありません。しかし、なぜかいろいろなことがネックになって「上場なんて夢のまた夢」状態でした。

そんなDさんが私のところに相談にいらしたのは、「飛行機への恐怖を克服したい！」という理由でした。海外出張の際に、機内で具合が悪くなってしまって、それ以来、「具合が悪くなったらどうしよう」と飛行機に乗るのが怖くなったそうです。恐怖心を「ブロック解除」したDさんはびっくりするほど飛行機が平気になって、それから度々セッションにいらっしゃるようになりました。

「会社の業績もいいので、上場したいのですが、なぜか邪魔が入るんです」

とDさんは訴えます。そこで、

「会社が上場できなかったらどうしよう」

「自分が知らない不正とかが明るみに出たらどうしよう」

「幹部社員に裏切られたらどうしよう」

など、不安な気持ちをひとつひとつ「ブロック解除」していきました。

1年後、Dさんの会社は無事上場。

「自分でも気づかないマインドブロックがたくさんあったんですね」

Dさんはやわらかい笑顔を見せてくださいました。

「なぜかうまくいかない」「もう一歩のところで邪魔が入る」という場合、本人のマインドブロックが関係している可能性大。

その場合は、それに関するモヤッと感が浮かぶたびに、どんどん「ブロック解除」してしまうのがいいと思います。

まさかの女優オファーが来たEさん

Eさんは夫と2人暮らし。彼は出張が多く不在がちで、Eさんは毎日とても寂しかったそうです。やりたい仕事も夢もなく、閉塞感のようなものをなんとかしたくて、「マインドブロックバスター」のセッションにいらっしゃいました。

「夫がいなくて寂しい」「閉塞感を感じる」「やりたいことがわからない」などをひとつひとつ「ブロック解除」していったところ、

「演技とかやってみたいかも」

と気づきました。

Eさんは美人系というより、人を笑わせるのが好きな、どちらかというとファニーなタイプで、「まさか自分が人前に出たいと思うなんて」と驚かれていました。最初は「絶対無理ですよ～。私に演技なんて。口に出すことすら恥ずかしいです」とかなりブロックが厚かったEさんですが、

「私が人前に出るなんて無理」

「女優さんって美人がなるもの」

「年齢も年齢だし」

などをひとつひとつ「ブロック解除」していったところ、なんと、映画出演のオファーが来たのです！

オファーをくれた映画監督さんは彼女の学生時代の友人でした。オムニバスの映画だったのですが、あるエピソードのこの役はEさんがいいとひらめいたそうです。もちろん彼女以外の出演者は事務所に所属するプロの俳優さんたちで、彼女だけが素人でしたが、撮影は無事成功。

「自分には無理って思うのがナンセンスでしたよね。だって、私が映画に出られちゃうんだから、もはやなんだってありえますよ！」

Eさんは今ではやりたいことをやることに躊躇《ちゅうちょ》しなくなったそうです。

夢は「ブロック解除」しないと見えてこない

「ブロック解除」をすることで夢を叶えている方はたくさんいらっしゃいます。最愛の人と結婚して理想の家庭を築けた、憧れのホールでライブができた、大好きなことを仕事にできた……等々、書き切れません。

とはいえ、みなさんが夢を叶えたくて「マインドブロックバスター」のセッションに参加されたかというとそうでもありません。

先程のＤさんのように「飛行機恐怖症を克服したい」だったり、Ｅさんのように「閉塞感を取り除きたい」だったり、どちらかというと悩みを解決したい方がいらっしゃいます。

しかし、「ブロック解除」でマインドブロックを取り除いていくと、みなさん、自分の夢や願望、やりたかったことに気づいていきます。

ブロックが次々と解除されていって、「本当の自分」「ありのままの自分」が顔を出してくるのです。

日本人はもともと、夢をもっていない方のほうが多い印象です。

「あなたの夢はなんですか？」とたずねると、「住宅ローンを返し終わることですかね」なんて返事だったり、真顔で「夢をもったら叶うんですか？」と言われたり。

小さい頃から「あれをしなさい」「これをしなさい」と言われ続けた人は、様々なマインドブロックがあって、「やりたいことをやる自分」をわがままに感じてしまう人が多いのかもしれません。「やりたいことをやる自分」を許せなかったら、夢なんてもちようがないですよね。

パワハラの悩みからやりがいを見つけたFさん

シングルマザーのFさんが「マインドブロックバスター」のセッションにいらしたのは、上司のパワハラが原因でした。

「そんなこともできないの？」「何度言えばわかるんだ」「給料泥棒が！」と毎

日暴言を浴びせられ、本当にギリギリの状態のＦさんでしたが、「ブロック解除」をしていったところ、なんとその上司が異動していき、新しく来た上司ととてもいい関係を築けるようになったと喜んでいました。

Ｆさんには小学生の子供が２人いて、家では子供の世話に追われる毎日でした。夢などをもつ余裕なんてありません。

そこで子育てについても「ブロック解除」することにしました。

「宿題をやらせるのがしんどい」

「何度言っても学校のプリントを渡さない」

「歯磨きしないで寝ようとする」

そんなふうにモヤッとするたびに、ひとつひとつ「ブロック解除」していったところ、子供たちが自分の身の回りのことはもちろん、家のことをいろいろ手伝ってくれるようになったそうです。

お世話をする対象だと思っていた子供たちが、まさか手伝ってくれるなんて……。

子供たちの変化に驚き、また自分自身がとてもラクになったことに気づきました。ゆとりがもてたFさんは、前から興味があったアロマテラピーの通信講座を受けることにしたそうです。

「好きなことだから、学ぶのが全然苦じゃなくて、いつかアロマに関係した仕事に転職したいと思ってるんです」

と恥ずかしそうに微笑むFさんは、最初にお会いしたときの疲れ切った様子とはまったく別人のようでした。

「夢なんてない」「やりたいことがわからない」という人は、余裕がない場合がほとんどです。

今はそんな余裕がなくても、「ブロック解除」で周りのことがスムーズに動き出すと、みなさん、「自分の人生を生きよう」と輝き出すから不思議です。

「〜したいな」と思ったら、即「ブロック解除」

「ブロック解除」で南極に行った人もいました。

保育士のGさんはペンギンが大好きで、国内の水族館に足繁く通っていたのですが、あるとき「やっぱりペンギン好きたるもの、実際にペンギンがいる南極に行きたい！」と思ったそうです。

とはいえ、南極旅行ってちょっと考えてもハードルが高いですよね。旅費もその辺の海外旅行に比べるとかなりかかりますが、彼女はお金持ちというわけではありませんでした。

ところが「南極にペンギンを見に行ってみたい、だけど無理」を「ブロック解除」していたら、南極ツアーの情報が入ってきたそうです。それもクルーズ船がツインの部屋のため2人でしか申し込めないツアーの「ひとりぶんの空きが出た」という情報が伝わってきて、トントン拍子で南極に行くことになったのです。南極旅行から帰ってきたＧさんに実際に現地で撮ったペンギンの写真を見せてもらったのですが、野生のペンギンの姿は動物園で見るペンギンとは違った迫力があり感動しました。

「野生のペンギン最高でした！　一生の思い出になりました」

と言うＧさんは、それはもうキラキラしていました。

「ブロック解除」で夢を叶えるコツは「～したいな」と思ったら、即「ブロック解除」をすることです。

「～したい気持ち」が「ブロック解除」されそうだと思われるかもしれませんが、そんなことはありません。これまでお話ししてきたように「したい」という思いは「今それができていない」という思いとイコールです。だから、「～したい」を「ブロック解除」することで、「今それができていない」という思いが変わり、現実が変わります。

厳密にいえば「したいな、でも無理だろうな」の「無理だろうな」を「ブロック解除」するのですが、「この感覚は、したいほう？　無理なほう？」なんて「深掘り」する必要はいっさいありません。

「南極行きたいな」→「ブロック解除」

「素敵な彼がほしいな」→「ブロック解除」

「明日のプレゼン、成功させたいな」→「ブロック解除」

「週末、温泉に行きたいな」→「ブロック解除」

こんな感じでOKです。

ただ、願望実現の「打率」を上げたいなら、イメージは具体的なほうがいいですね。

漠然と「素敵な彼がほしいな」じゃなくて、「俳優の○○さんみたいな彼がほしいな」「事業で成功していて、夢があって溌剌《はつらつ》とした人がいいな」「こんな家に住んでいる人がいいな」なんて具体的にイメージしたほうが叶いやすいです。それこそ、実際に理想の家が見えるところに行ったりするなど、実像に近づいてみるとよりいいです。そして「ブロック解除」する。

　これが「願うだけ」だと、「○○さんみたいな人やこんな家に住んでいる人以外の人は受けつけない」なんてかたくなになって、幸運を取り逃がしてしまうかもしれませんが、「ブロック解除」はキャンセルしてほうっておくスタイルですから、どんなに自由にイメージを描いていただいても大丈夫です。

夢を叶える「コラージュ＆ブロック解除」の方法

夢を叶えるといえば、「コラージュ」もオススメです。

自分の好きなもの、やりたいこと、叶えたい夢などに関わる、写真やイラスト、雑誌の切り抜きなどを1枚の紙に貼りつけ、壁など好きなところに貼り、視覚から「潜在意識」に染み込ませていく方法で、これまで多くの人が提唱してきましたが、「マインドブロックバスター」でのやり方はこれまでとはひと味違います。

コラージュをつくったら、それを見て「ブロック解除」する。

これだけで、実現率が圧倒的に変わります。

なぜなら、コラージュをつくると「こんなものを貼って眺めても無理よね」

という思いが強まるからです。

例えば、コラージュにウエディングドレス姿の女性を貼る人は結婚の予定はないでしょうし、クルージングの写真を貼っている人は、クルージングの予定はないでしょうし、海辺の一戸建ての写真を貼っている人は、海辺の一戸建てに住んではいないでしょう。

そうすると、コラージュを見るたびに「結婚の予定はない」「クルージングなんて無理」「海辺の一戸建てなんて夢見すぎ」などという思いが湧いてきてしまいます。だから「ブロック解除」です。

具体的にイメージして、「ブロック解除」。これは効きますよ。

私もこれまでたくさんの夢を叶えてきましたが、これも今思えば、「コラージュ＆ブロック解除」のおかげです。

その昔、教員時代にコラージュで夢を叶える方法を知って、ハワイに行きたいと海外リゾートの写真をコラージュして、机の奥深くにしまっていたことがあります。本当は壁に貼って眺めたりしたほうがいいのですが、家族に「何これ？」と言われるのも恥ずかしくて、ひっそりと隠していたのです。
とはいえ、ハワイに行ける兆しはまったくありません。自分でもときどき眺めてはみたものの「まあ、子供もいるし、学校もあるし無理だよね」と思っていました。

ところが「ブロック解除」をするようになってから、ハワイに行く機会に恵まれ、結局11年で6回もハワイに行っています。ありっこないと思っていたのに不思議です。「潜在意識」って本当に現実を動かすんだなとしみじみ思います。

私が今住んでいる一戸建ても「コラージュ＆ブロック解除」で買いました。

長男が３歳のときに親の勧めで３ＬＤＫのマンションを購入しましたが、その後子供が３人になり、狭くなってしまいました。毎朝、５人でひとつのトイレを取り合っていて、「一戸建てだったら1階と2階にトイレがあって助かるのにな」と思っていたんですね。とはいえここから35年ローンを組む自信もなく、近所の素敵なお家の前を通りかかっては、「いいな〜！」と眺めているだけでした。

それでもあるとき、一戸建てがほしい！と思って、「コラージュ＆ブロック解除」してみました。

きれいなお家の切り抜きを貼って、「やっぱり無理かな」と思いながら、「ブロックは何？」と聞いて、「解除のイメージ」を聞いて、入れ替えるだけです。

特別なことは何もありません。

そうしたらすぐに、住んでいたマンションの裏の駐車場に一戸建てが建つことになったんです。

それで「ここに住みたい！」と思って、調べてみたら、「無理かも」と思っていたハードルもどんどんクリアできて、あれよあれよという間に一戸建てに住めることになりました。さすがに自分でも驚きです。


「コラージュ＆ブロック解除」はかなりオススメなのでぜひトライしていただきたいです。方法はコラージュをつくってから「ブロック解除」するだけ。

念のため、まとめておきますね。

コラージュ&ブロック解除の方法

ステップ1　コラージュをつくる

ほしいもの、憧れの場所、なりたいイメージなどを表す写真やイラストなどを1枚の紙に貼ります（例　結婚したい↓ウエディング姿の女性、仕事で成功したい↓街を颯爽と歩くスーツ姿の女性）。雑誌やネット画像のプリントアウトを切り抜いたりするとつくりやすいと思います。

ステップ2　やる気をなくす

リラックスして、なるべくぼーっとしながらコラージュを眺めます。

ステップ3　「このブロックは何？」と聞く

ステップ4　「解除のイメージは何？」と聞く

ステップ5　「ブロックのイメージ」と「解除のイメージ」を入れ替える

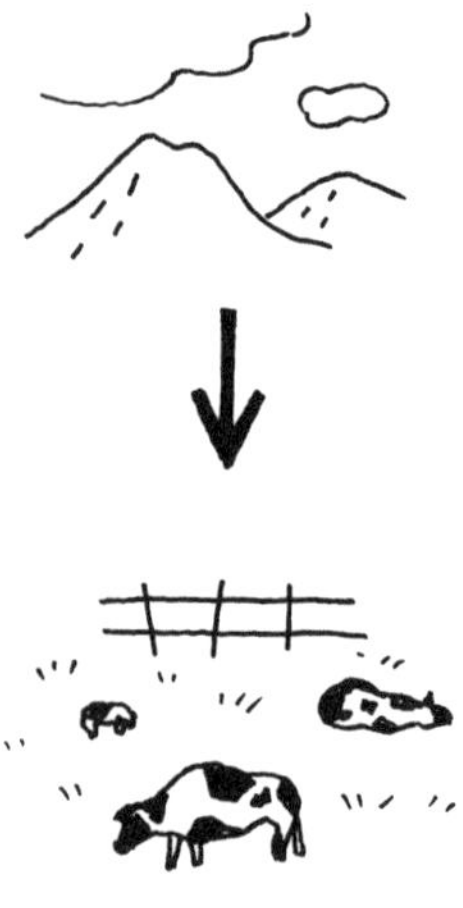

これで完了です。コラージュは捨ててしまってかまいません。あとは現実が動き出すのを待ちましょう。

Chapter
6

「お金のブロック」を手放したい！

お金の「ブロック解除」にはコツがある

ほしいものがあったら、なるべく具体的に願って、「ブロック解除」するのが近道なのですが、唯一、例外のテーマがあります。

それは……お金です！

例えば、「年末ジャンボ宝くじを買ったら、一等前後賞が当たって、半分は貯金、半分は一戸建てと世界一周旅行に使おうと思います。コラージュもつくって、『ブロック解除』して、これで完璧ですよね」と思うかもしれませんが、これではダメです。宝くじに関してはみんな「あわよくば……」と心のどこかで無意識に思ってしまうのでしょうね。私も「ブロック解除」して何回か買ってみたのですがことごとく当たりませんでした。

つまり「ブロック解除」しても、邪念が消えていないということです。

それ以外にもお金の「ブロック解除」にはコツがあるので、この章でお話ししていきます。前述したように私が「ブロック解除」に気づいたのは、自分の「お金のブロック」が原因でした。

・いらないのにセール品があると買ってしまう
・ほしくても定価の商品が買えない
・子供から要求されると、必要なお金でも不機嫌になってしまう
・人からものをもらうとお返しをしなきゃとソワソワしてしまう
・お金のことで夫婦喧嘩をしてしまう

まだまだありますが、とにかく「お金」についての不安やいらだちがいっぱいでした。それが「ブロック解除」をするようになって激減したのです。

セール品には見向きもせず（たまに見ますが）、夫婦喧嘩や子供への小言も減りました。

実はこうした「お金のブロック」は多かれ少なかれ、ほとんどの人がもっています。例えばこんなことはないですか?

□お金が儲かることから遠ざかってしまう
□お金を貯めたいのに無駄遣いをしてしまう
□お金の話をするのが苦手
□給料やギャラなどお金の交渉ができない
□頼まれるとすぐお金を貸してしまう
□人からおごられると罪悪感をもってしまう
□お金の話をする人は下品だと思ってしまう
□お金がないのに高いプレゼントをあげてしまう
□お金があっても安いものばかり買ってしまう

これらも「お金のブロック」が関係しています。
「お金のブロック」があると、せっかく豊かになれるチャンスがあっても、無意識に避けてしまったり、十分お金があるにもかかわらず、いつもお金の不安を抱え、その不安が現実になったりしてしまいます。

逆に「お金のブロック」は解除できると、見える世界がガラリと変わります。それは、お金の不安や恐怖に左右されず、ほしいものがいつの間にか手に入る世界です。

この章で一緒に、「お金のブロック」に取り組んでいきましょう。

まず、お伝えしたいのは、「お金のブロック」には「潜在意識」のタイプが関係しているということです。これまで多くの人々とセッションをしてきて、「潜在意識」は3タイプに分かれることに気づきました。「お金のブロック」は先程もお話ししたように、解除するのが難しいのですが、自分の傾向に合わせて「ブロック解除」することで、かなり成功率が高くなりました。さっそくご紹介しますね。

あなたは何タイプ？

「潜在意識」には3つのタイプがあるとお話ししましたが、それはなんだと思いますか？　発表します！

タイプ1　日本人タイプ
タイプ2　外国人タイプ
タイプ3　宇宙人タイプ

「ええええ！　宇宙人⁉」と思われるかもしれませんが、本当に宇宙人としか呼べないような傾向の方がいらっしゃいます。ちなみに、「マインドブロックバスター」のセッションに来られる方は「宇宙人タイプ」が多いので、この本を手に取っているあなたもそうかもしれませんね。

まずは自分のタイプをチェックしてみましょう。
テストA、テストB、テストCの当てはまるものにチェックを入れていってください。

テストⒶ

- ☐ 注意されたり叱られるとやる気が出る
- ☐ 1000円以上は「高い」と感じる
- ☐ ものを買うときはまずどれが「安いか？」を見る
- ☐ 華やかな装いは選ばない、モノトーンの服を着る
- ☐ 3人以上人がいたら誰がいちばん地位が上の人か気になる
- ☐ 自分はどちらかというと経済的に苦労して育った
- ☐ 親や祖父母も経済的に苦労している
- ☐ 文章は手書きが好き、もちろん鉛筆やペンは黒を使う
- ☐ 電車に乗っていくところは遠いところ、近所で用事はすませる
- ☐ 誰かを助けてその人が身代わりに死んだ話に感動する

テストⒷ

- □特定の国や地方が好き
- □服装は原色や明るい色のもの、または人と違う個性的なデザインを好む
- □損をすることだけはしたくない、つねに費用対効果を計算する
- □飲食店でおひとりさまで食事できる
- □子供の頃からグループでつるんだりしなかった
- □海外旅行や留学が好きですでに複数回経験ずみ
- □視力がよい
- □食べ物でマイブームが起きることがある（あるメニューが気に入ると一定期間毎日のようにそれを食べたくなりお店に通いつめたりする）
- □自分の周囲には半径何センチ、または何メートルというマイゾーンがあってそこから中には入ってこないでほしい（ただし自分から相手に近づきたいときは他人のマイゾーンは無視）
- □沈黙に耐えられないのでおしゃべり

テストⒸ

□自分に自信がなく、緊張していることが多い
□子供の頃から目立たないようにしているのになぜかよく怒られた
□目上の男性には可愛がられ、同世代の女性や先輩の女性にはいじめられる
□落とし物、忘れ物が多い
□新しいもの、キラキラしているものが好き、すぐ買って試したくなる
□盛り上がるといつまでも遊んでしまう
□食べ物の好き嫌いは多い
□自分の親や兄弟とは似ていない、なんだか違う人間だという気がする
□少しでも直せることがあるなら直して完璧に近づけたい
□カラフルなペンで字も絵もいっぱい書く

3タイプの特徴とは？

いかがでしょうか？

テストA、B、C、それぞれいくつ当てはまりましたか？

当てはまった数がいちばん多いのがテストAなら「日本人タイプ」、Bなら「外国人タイプ」、Cなら「宇宙人タイプ」になります。

それぞれの傾向をご説明しましょう。

1：日本人タイプ

マインドブロックは言語化できないのですが、あえて言葉にするなら、「私の人生は修行だ」「私は清貧を誓っている」「私は犠牲になることを喜ぶ」という「お金のブロック」があるタイプです。

「お金がないこと＝善」というブロックがあるので、お金があっても落ち着かず使ってしまったり、儲け話をされても拒否してしまったり、「顕在意識」では「お金持ちになりたい！」と思いつつ、「潜在意識」では「お金で苦労したい！」と思っています。心当たりのある人はいませんか？

実は、私はこの「日本人タイプ」です。「日本人タイプ」は「修行していたい」タイプなので、「ブロック解除」はだいぶやっかいでした。

「お金のことで子供を叱ってしまう」「セール品に固執してしまう」などを通勤電車でコツコツ「ブロック解除」して、やっと克服したのは前述した通りです。「日本人タイプ」は真面目なので「やる気をなくす」のがポイントです。やる気をなくしつつ、コツコツ諦めずに取り組まれることをオススメします。

2：外国人タイプ

あえて言葉にするなら、「私はお金をもっと殺される」「私はお金を隠している」「私はお金を神に捧げている」という「お金のブロック」をもつタイプです。「殺される」タイプと「隠している」タイプと「捧げている」タイプはそれぞれ違います。複雑になるので詳しい理由は本書では割愛しますが、自分がどのタイプか次の説明から判断してください。

「殺される」タイプ……お金をもつのが怖いので、入ったお金を使ってしまう。浪費癖のあるタイプです。

「隠している」タイプ……「隠しているのでどこかにはある」「なぜ手元にないんだろう？」と思い、実際にへそくりもしているタイプです。

「捧げている」タイプ……稼ぎたいのに心のどこかで稼ぐことにブレーキをかけるタイプです。神に捧げているので、現世ではいらないと思っています。

どのタイプも、浪費などでお金を手放しがちですが、かといってお金にルーズなわけではありません。「費用対効果」にうるさくて、ちゃんと損しないようにお金を使うのが「外国人タイプ」の特徴。逆に、自分が働いた分はきっちり受け取ります。ただ、無意識に「お金が怖い」「なくてもある」「現世ではもういい」と思っているので、「使いすぎちゃった！」となるのです。心当たりがあったら、そこから「ブロック解除」していくといいでしょう。

3：宇宙人タイプ

「日本人タイプ」「外国人タイプ」とはまったく違うのが「宇宙人タイプ」です。そもそも「地球の貨幣価値がわからない」ので、その商品が高いか安いか、買っていいか悪いかがわかりません。

「え？　私、宇宙人タイプですけど、ちゃんとわかってますよ！」

という人もいるかもしれませんね。

もちろん「顕在意識」ではわかっています。ちゃんと計算もできます。ただ「潜在意識」に腹落ちしていません。だから、気づくと「楽しそう」「面白そう」「好き」「キラキラしてる」「なんとなく」でポーンとお金を使ってしまったりします。無駄なモノは買わないつもりでいても、行かないのに英会話教室やジムに次々入会したり、急に旅行にでかけて散財したりしませんか？

ちなみに「宇宙人タイプ」の方は、「ブロック解除」以外にやってほしいワークがあります。それが「地球の基本情報を入れるワーク」です。

地球の貨幣価値がわかっていないので、情報として入れる必要があるのです。とても簡単なのでやってみてください。

地球の基本情報を入れるワーク

足を床につけ（立っていても座っていてもＯＫ）、足元の地面（地球）に向かって、「私に地球の基本情報を教えなさい」と言います。そのまま30秒ほどで地球の基本情報は入ります。ただし眠ると基本情報が抜けてしまうので、毎朝地球の基本情報を入れて1日をスタートするとベターです。

お金の「ブロック解除」3つのポイント

自分のタイプと傾向がわかったら、あとはイライラ、モヤモヤしたときや、「お金がほしい！」と思ったときに「ブロック解除」をしていってください。

ただ、お金の「ブロック解除」にはほかにもコツがあるのでお話ししていきましょう。

ポイント① 「ブロック解除」はこまめにする

「（通帳の残高を見て）思ったより減ってる！」↓「ブロック解除」

「（郵便受けの請求書を見て）はぁ〜、今月も来たか」↓「ブロック解除」

「（友達の結婚式の招待状が届いて）来月は物入りだなあ」↓「ブロック解除」

「（子供にお金を要求されて）なんでそんなに必要なの！」↓「ブロック解除」

お金の「ブロック解除」は1回やればオールクリア、ということはないので、こんなふうに、お金に対する負の感情が湧いたらコツコツ解除していくのがポイントです。

ポイント② 嫉妬も「ブロック解除」する

「インスタで高そうなランチの写真をアップしている友達にイラッ」「リゾートホテルのプライベートビーチ写真にモヤッ」
というような、「お金の嫉妬」が湧いてきたときも「ブロック解除」です。

SNSが発達したため、他人への嫉妬は日常的に起こります。ただ、嫉妬すればするほど、「あの人は幸せそうだけど、私はそうでもないのが悔しい」という気持ちになり、「悔しい私」が現実化するので、かえってお金の流れが遮断されてしまうんですね。嫉妬を感じたら「ブロック解除」。続けていくと、お金の流れが変わります。

ポイント③ 限界を「ブロック解除」する

現代に生きていて「お金のブロック」と無縁な人はいません。どんなお金持ちでも「お金のブロック」はあります。むしろ、扱う金額が大きいので、「お金のブロック」がたくさんある人が多いです。

「マインドブロックバスター」のセッションには起業家の方も多くいらっしゃいますが、「年商3億円にしたいんだけど、到達しなくて」「月商３００万円の壁が超えられないんですよね」という人は「年商は3億円いかないだろう」「月商は多くて２００万円くらいじゃないの？」という「限界」を自分の中に設けています。

そんな場合は「年商3億円以上にしたい！」「月商３００万円を超えたい！」を「ブロック解除」です。

「〜したい！」と「ブロック解除」することで、自分のストッパーが取れて、思った以上にお金が入ってくるのが実感できると思います。

「何のためにお金がほしい？」と自分に聞いてみる

私の言う「お金のブロック解除」とは、「ブロック解除」さえすれば、お金がザクザク入ってくるという「頭の中がお花畑」な世界ではありません。

お金は世の中に喜ばれる仕事をしていただくもの。ですが努力をしたとしても、「お金のブロック」があると、「稼ぐ」のを邪魔されてしまうんですね。

例えば、営業の仕事をしていて、このひと言をクライアントさんに言えば契約が取れるのに言えないとか、「私はお金を受け取る資格がない」と思い込んで、安すぎるギャラでも受け入れてしまうとか。だとしたら「妨げているものをまずは取ろうよ」ということなんです。

もちろん「お金のブロック」を解除していくと、「潜在意識」が変わりますから、引き寄せや棚ぼたも起きます。生前贈与を受けたり、副業が軌道に乗ったり、人に支援されたりと、思わぬことが起こるでしょう。だから、「お金のブロック」はぜひこまめに解除していただきたいです。

とはいえ、何がブロックになっているかわからない人もいるでしょう。

「別に請求書を見ても『そっか』と思うだけです。預金通帳を見ても何も感じません。お金にネガティブな感情はないけど、お金持ちにはなりたいです」

という人は、「お金持ちになりたい！」という思いを「ブロック解除」してください。あとは、ちょっと「深掘り」に近いので反則かもしれませんが、「なぜお金持ちになりたいか？」と自分に問いかけてみてもいいでしょう。

「お金持ちになりたい」人にはたいてい理由があります。

カフェを開きたい、子供を留学させたい、世界一周旅行に行きたい、マンションがほしい、将来を安心して過ごしたい……。

むしろ「これがしたい」というほうを「ブロック解除」したほうが、具体的な分、叶いやすいかもしれません。案外、お金がなくても実現できることってたくさんあるんですよね。カフェだったら開業資金を出してくれる人が現れたり、場所をタダで貸してくれる人が現れたり。やみくもに「お金がほしい！」と思うより、現実を動かしやすいと思います。

１０８のフレーズで「お金のブロック」一網打尽！

「お金のブロック」の章の最後は、私が「ブロック解除」してきたフレーズたちをご紹介していきたいと思います。その数なんと１０８個！　ちょうど煩悩と同じ数です。中にはみなさんにも共感していただけるフレーズがあるのではないでしょうか。

「これ、私にもあるわ！」「なんかモヤッとする」と思ったら、チェックを入れて「ブロック解除」してみてください。「お金のブロック」ってかなり根深いので、自分ではなかなか気づけなかったりするのですが、フレーズを見ることで探しやすくなると思います。

お金に関するフレーズI

□私は自分が嫌いだ／□パートナーのお金の遣い方が許せない／□自分の親を許せない／□過去の自分を消したいと思う／□子供にねだられたものを買ってあげたい／□いつも一文無しになるような気がして不安だ／□人生はかならずいいことの次に悪いことが起きると思う／□私はなんでもお金を基準にものを考える／□どんなことでも自分が我慢すればまるくおさまるならそうしたい／□人からお土産やおすそ分けをいただくとお返しばかり気になる

お金に関するフレーズII

□自分の取り分を人に取られることが許せない／□私は本当は利己的で自己中心的な人間だ／□好きでもないのに安いものだとほしくなる／□どうせ自分の人生こんなものだと思う／□できるだけなんでも後回しにしたいと思う／□叱られるくらいなら踏み出さないでやり過ごす／□自分の気配を消して誰にも気づかれたくない／□これいいよ、って勧められると騙そうとしているのでは？

と疑う／□片づけるのが苦手だ／□人前に出るのが苦手だ

お金に関するフレーズⅢ

□私はお金のかかることがすべて嫌いだ／□値引きのシールがついていればなんでも買いたくなる／□できるだけ家でじっとしていたい／□他人が怒られていると自分も悪かったと感じる／□遅刻、早退をしないように気をつけているので、人がしているのを見るとイラッとする／□空気が読めない人を見ると腹が立ってしょうがない／□クレームをつけたいことがあっても我慢する／□なんでも誰かが解決してくれないかなあと思う／□休日は家でゴロゴロ、何もしたくない／□探すより新しいものを買うので何個も同じものが家にある

お金に関するフレーズⅣ

□私には１００万円という金額は一生縁がないと思う／□お酒を飲むことはよくないことだと思う／□会社のつき合いとか言って遅くまで飲むことは許せない／□お小遣いを要求する子供の態度に頭にくる／□がんばってるのに結果が

出ない子供を不憫に思う／□自分の努力を誰も認めてくれないことに腹が立つ／□開運グッズが気になるのに買って試せない自分にいらだつ／□神様の存在を信じられない／□やはり私だけ損をしている気がする ／□定時に帰りたいのに人目が気になる

お金に関するフレーズV

□自分が成果を上げているかどうかよりほかの人の成果が気になる／□ごまかせるものはすべて嘘をついて切り抜けたい／□特定の人に対して我慢してしまう／□いつ死んでもいいやと思う／□お金が足りなくなるのではと思う／□努力することから逃げたい／□ラクして得をしたいと願ってしまう／□宝くじに当たった人をうらやましいと思う／□自分はどうせこんな程度の人間なんだって思う／□世の中には絶対に苦労しない人と苦労ばかりする人がいて不公平だと思う

お金に関するフレーズⅥ

□自分のことは誰も認めてくれないと思う／□私にはどうしても許せない人がいる／□掃除が嫌いだ／□誰からも好かれたい／□パソコンの存在が許せない／□おみくじで大吉をひくことができない／□夫の両親にいい嫁だと思われたい／□絶対に裏切らない味方がほしい／□痩せることができない／□自分の外見が許せない

お金に関するフレーズⅦ

□家で使うものはデザインより価格で選ぶ／□願いは叶わないのではじめから願わない／□自分はだいたい褒められることがないと思っていれば間違いない／□無料が何よりもいちばんいいものだ／□家族は私の言うことをいちばん尊重すべきだ／□私の言うことを聞かない家族は許さない／□この世には絶対的な幸せが存在する／□この世にはこれ以上ない不幸がある／□私は誰のことも信用しない／□私はいっさい否定されたくない

お金に関するフレーズⅧ

□電車の同じ車両には変な人に乗ってほしくない／□嫌いな食べ物も無理して食べる／□携帯電話に電話をしてくる人に邪魔されてると思う／□どれが好き、と決めることができない／□食器を割られることが許せない／□自分が遊ぶことを許せない／□休みの日に子供を置いて出かけることができない／□毎日職場でイヤなことがある／□したいことなんていっさいできない／□心から通じ合いたいと思っている人には自分のよさが伝わらない

お金に関するフレーズⅨ

□決断を任されても自信をもって決めることができない／□いつも最後までやり切らない／□銀行の通帳を記帳するのが怖い／□名刺交換することが怖い／□誰にも支持されないのではないかと怖い／□私の誘いには誰も乗ってくれないのではないかと思う／□何かが私のやろうとすることを邪魔する／□みんなに嫌われているような気がする／□好きなものより安いものを食べればいいと

思っている／□自分の長所を認められない

お金に関するフレーズX

□自分の夢は叶わないのではないかと思っている／□この世に安心なんてないと思っている／□どんな一歩でも踏み出すのが怖い／□新しいものを買うのが許せない／□無理と思うことはできない／□私は時間に間に合わない／□他人と自分を比べて自分をダメだと思う／□私はきっと無視されるに違いない／□私は誰からも尊敬されることなどない／□起業するなんて頭がおかしいのではないかと思う／□公務員を辞めることが怖い／□税金が怖い／□私は本当は傲慢である／□自分の言いたいことが伝わらない／□ウェブで発信することをめんどうくさいと思っている／□記録を取ることが苦手だ／□挑戦することが怖い／□人前でかっこ悪いところを見せたくない

Chapter

7

「人間関係・恋愛のブロック」を手放したい！

嫌いな人から離れるための「ブロック解除」

「攻撃的な同僚をなんとかしたいです」

「モラハラ夫と別れたほうがいいでしょうか」

「人に気を使いすぎて毎日疲れてしまいます」

などなど「マインドブロックバスター」のセッションには人間関係に悩む方々がたくさんいらっしゃいますが、みなさん、「同僚が転職した！」「なぜか夫が話を聞いてくれるようになった！」「言いたいことを言えるようになった」と大きな変化を体験しています。


それもそのはず。

ほとんどすべての人に「人間関係のブロック」があるからです。

人間関係のトラブルはほとんどがマインドブロックから来ていると言っても過言ではありません。だから「ブロック解除」がよく効くのです。

「私には『人間関係のブロック』なんてないわ。だって人とあまりトラブルを起こさないもの」

という人も実際は、人目を気にして自己主張できなかったり、人に尽くしすぎて疲れてしまったり、他人に評価されないと自信がもてなくなったり……そんなことはありませんか？

これも「人間関係のブロック」の一種。あとから説明していきますが、「人間関係のブロック」は実は、私たちが幸せになるのを相当邪魔しています。

さっそく、目につく問題からさっさと解除してしまいましょう。

まず人間関係のイライラナンバーワンといえば、「イヤな人がいる！」ではないでしょうか。攻撃的な上司、嫌味な義母、気の強いママ友、頑固な夫、だらしないパートナー……誰もが身の回りに「変えたい」「離れたい」人のひとりや2人はいるはず。とはいえ「あの人を変えたい」と思っても、他人は絶対変わりません。

だから、自分を変えるしかありません。正確にいうと「ブロック解除」で「自分の潜在意識」を変えるしかないんです。

「人間関係のブロック」も解除のしかたは同じです。

上司にイラッとしたり、ママ友にモヤッとしたら、そのたびに「ブロック解除」するだけ。すると、2通りのことが起こります。

パターン1：相手がいい人になる
パターン2：相手が実際にいなくなる

嫌味なお義母さんが嫌味を言わなくなったり、上司が突然異動になったりということが本当に起こります。不思議ですね。

今の人間関係というのは自分の「潜在意識」と相手の「潜在意識」が現実化

した状態です。だから、自分の「潜在意識」が変われば、人間関係は確実に変わります。

「私の『潜在意識』が変わろうとも、相手の『潜在意識』が変わらなければ無理なんじゃないですか？」

と思うかもしれませんが、ご安心ください。

自分の「潜在意識」と相手の「潜在意識」はつながっているから大丈夫。

だから、自分の「潜在意識」が変われば、相手の「潜在意識」も変わります。

これが「顕在意識」だとそうはいきません。上司に「そういう暴言、やめてください！」と伝えたところで、「生意気だぞ」と言われるのがオチでしょう。

嫌いな人とも「潜在意識」でつながっているって、気持ちのいいものではないかもしれません。ただ、どんなに嫌いな人も、あなたにとって必要な人です。あなたの人生において「必要だから」そばにいるんです。

人って何校も受験しても、ひとつの学校しかいけないですよね。

もし会社員だったら今、所属しているのはひとつの会社でしょうし、自分は自分自身の人生しか歩めません。

他人の人生を生きることはできませんよね。

自分に必要な人間関係のある場所にしか人はいかないのです。

嫌いな人は「私はこういう人が嫌いなんだ」と教えてくれる存在です。

普通は本当に嫌いな人がいると、自分の具合が悪くなるとか、リストラにあうとか離れるようになっています。

ところが、「人間関係のブロック」のある人はそれを我慢してしまうのでいつまでたっても状況に変化が起きないのです。だから、「ブロック解除」することで、適切な人と適切な距離感が保てるようになります。

そもそも「潜在意識」は、学びがなくなったら嫌いな人からは離れるようにできていますが、「ブロック解除」することでそれが加速する、というイメージです。

タイプごとに「人間関係のブロック」は違う

基本的には「人間関係のブロック」もほかの「ブロック解除」と同様に、イライラ、モヤモヤしたときに行えばＯＫです。

面白いのは夫へのイライラを「ブロック解除」していたら、会社で一目置かれるようになったとか、部下へのモヤモヤを「ブロック解除」していたら、恋人からひんぱんに連絡がくるようになったとか、「なぜか別の人ともうまくいくようになった」ということがあることです。

「ブロック解除」して「人間関係のブロック」が取れていくと、いろんな人間関係が心地いいものになります。楽しみですね！

ちなみに、「人間関係のブロック」でも「お金のブロック」でご紹介した3つのタイプが使えます。自分のタイプと傾向を知ることで、「ブロック解除」しやすくなると思いますのでご紹介しましょう。

日本人タイプ

□どうせ自分はたいしたことない
□人に認められたい
□人の目が気になる
□人に嫌われたくない
□言いたいことが言えない

典型的な「人の目が気になる」タイプです。

「嫌われたくない」「後ろ指さされたくない」という気持ちが強いので、つい自分の気持ちを抑えて相手に合わせてしまいがち。「自分なんて」という意識が強くて、自己肯定感は低め。だからこそ、「人に認められたい！」という気持ちが強いです。ただ、「人生には修行が必要だ」と思っているので、何かと我慢するシーンは多いと思います。

「自分ばかり我慢してる」「相手に合わせすぎているな」「評価を気にしすぎだな」と思ったら、サクサク「ブロック解除」していきましょう。

外国人タイプ

- □私は私、人は人と割り切れる
- □人から親しまれない
- □理詰めで相手をやり込めてしまう
- □他人を傷つけてあとから後悔する
- □部下がついてきてくれない

「外国人タイプ」はクールでロジカル。自己肯定感が高めで人の目はあまり気にしません。無駄なことは無駄と割り切るため、人から冷たい人だと思われがち。日本人タイプや宇宙人タイプは「親しみやすさ」を大事にしますが、外国人タイプは余計なことを言わず、空気を読んだりしないので恐れられることがあります。仕事はできるし尊敬もされるけど、あまり人から好かれず孤独になる人もいるでしょう。「人と距離を感じる」「なんか寂しいな」「もっと好かれたい」と思ったら、迷わず「ブロック解除」です。

宇宙人タイプ

- □空気が読めず叱られる
- □人前に引っ張り出される
- □トンチンカンな振る舞いをしてしまう
- □人から怒られがちなのでいつも不安
- □突然すべてがイヤになる

「宇宙人タイプ」はとにかく自信がなく何事にも不安。隙《すき》だらけで、人につけこまれがちです。

もともと「宇宙人タイプ」は「自分は存在価値がないのでは」という不安があるので、「人の役に立ちたい」オーラが出まくっています。

そして本人は別に目立ちたくないのに、なぜか目立ってしまうという特徴もあります。よくクラスで同じくらいおしゃべりしていても、なぜか自分だけが先生に注意される、なんて場合がありますよね。そんな「なぜかその場から浮いてしまう人」は典型的な「宇宙人タイプ」です。

このタイプは「誰かの役に立っていないと自分は生きている価値がない」と感じてしまい、自分のことを後回しにして人のことばかり気にします。

その結果、先回りしていらぬおせっかいをあれこれしてしまい、逆にうっとうしがられたり、自分だけ疲れ切って「もう何もかもイヤ」と引きこもったり、やるべきことを途中で投げ出して結果的に人のためになっていない、という本末転倒な事態を引き起こしたりして、お騒がせな一面を見せてしまうこともあります。

また、自分の内側が「からっぽ」のような感覚があり、「ありのままの自分を愛せない」という特徴もあります。そんな人にオススメのワークがあるので、ご紹介しましょう。

宇宙人タイプ限定「自分を愛する」ワーク

「自分を好きになれない」「誰の役にも立ってない」などと落ち込みそうになったら……。

ステップ1

「解除のイメージは何？」と聞く

ステップ2 その「解除のイメージ」で頭のてっぺんから爪先まで満たす

「ブロック解除」のように入れ替えるのではなく、「解除のイメージ」で体を満たします。「解除のイメージ」がネコだったら、ネコが体を包み込んでいるようなイメージでしょうか。日頃、自分の内側はからっぽだと感じている人も、「解除のイメージ」で自分を包み込むと安心できると思います。

「ブロック解除」でダメ旦那を神旦那に

さて、同じ人間関係でも家族との関係、とくに夫婦関係は難しいものがあるでしょう。ご結婚されている方なら「イラッとくるナンバーワンは夫です」という人も多いはず。

「私のやりたいことをいつも反対するんです」

「共働きで私だって疲れているのに、家事を何も手伝ってくれなくて」

「頑固で言い出したら聞かない夫に腹が立ちます」

「靴下は脱ぎっぱなし、ゴミを散らかしっぱなしでイラッとします」

「マインドブロックバスター」のセッションをしていると、パートナーへの不満がたくさん飛び出します。もちろん、みなさん不満はあっても、夫はもう変わらないだろうと諦めているのですが、ただ自分のイライラをなんとかしたいと思っていらっしゃいます。

ところが「ブロック解除」すると、相手のほうが変わり始めます。

進んで家事を手伝い始めた方、ねぎらいの言葉をかけてくれるようになった方、自分のことは自分でするようになった方、様々なパターンがありますが、「ブロック解除」は、神様のような旦那様「神旦那」をつくるともっぱらの評判です。

ちなみに、私の夫も昔はまったく家事をしない人でした。

共働きにもかかわらず、メインの家事は私がやってきましたが、「マインドブロックバスター」の仕事が忙しくなって家事が回らなくなりました。

どうしよう……と考えて、家事代行を頼むことを思いついたのです。

今でこそ家事代行は当たり前になってきましたが、当時は頼むのに抵抗があったんですね。

さっそく、「家事代行をお願いしたい」を「ブロック解除」していきました。

と同時に、「家事はイヤだ」「イヤだけど私がやるしかない」「だけど忙しい」

「めんどうくさい」……こうした家事にまつわる様々なモヤモヤも「ブロック解除」していったところ、家事代行を頼めるようになった……わけではなく、夫が早期退職して主夫になったんです！

まさか夫に家事をやってもらうなんて思ってもみなかったのですが、夫にとっても今後の人生を考えたベストチョイスだったらしく、夫婦関係もすごくよくなりました。「こういう手があったのか」と「潜在意識」に教えてもらった気分です。

こんなこともありました。

10年くらい前でしょうか、「マインドブロックバスター」のセッションに小さい娘さん2人を両脇に抱えたHさんがいらっしゃいました。

「失踪して1カ月になる夫に帰ってきてほしいんです」

と大変困っていらしたHさん。その場で「ブロック解除」したところ、しばらくして旦那さんが戻ってきたそうです。あれから随分たちますが、今では娘さんたちも高校生になり、家も建てられてお幸せそうです。

当時のHさんにどんなマインドブロックがあったのかわかりません。

ただ、夫婦の間がうまくいかなくなるような「潜在意識」だったということはたしかでしょうね。

「ブロック解除」をして旦那さんが戻られたということは、お互いにとっていちばん幸せになる方向が結婚生活を続けるということだったのでしょう。

夫婦の「潜在意識」はほかの関係に比べて、かなり強くつながっています。

片方が「ブロック解除」することで、もう一方にいろいろな変化が起きるというのは本当によくあるケースなのです。

恋愛も「ブロック解除」でうまくいく！

素敵なパートナーとの出会いも「ブロック解除」におまかせです。

「出会いたい！」の裏には、「出会えないんじゃないか」「私、太ってるし相手にされないのでは」「もう若くないし」「つき合ったら束縛されるかも」なんていうネガティブなものがどうしても湧いてしまいますが、それを「ブロック解除」していくことで、「出会い」の瞬間は近づいてくるでしょう。

ポイントはやはりひとつひとつ「ブロック解除」すること。

「出会えないんじゃないか」で「ブロック解除」、「太ってるし」で「ブロック解除」、「若くないし」で「ブロック解除」と小分けにすればするほど、「恋愛のブロック」は取れていきます。

ここで、注意しなければいけないのが、もう好きな人がいて、「Ｉくんと絶対つき合いたい！」という場合です。

もちろん、「ブロック解除」することでＩくんとつき合えることもありますが、お互い波長が合わなかったりして「潜在意識」がつながらない場合は、別のパートナーが現れるので、覚悟をして「ブロック解除」してください。

すでにつき合っている彼がいるけれど、なぜかギクシャクしてしまうという場合も「ブロック解除」です。

単に彼にイライラ、モヤモヤするときはもちろんですが、例えば、つき合いたての頃など「本当に彼が自分のことを好きかどうか試したい」といったモードになることもあるでしょう。

自分がワガママを言ったり、わざとLINEの返事をしなかったりしてしまう場合も、取り返しがつかなくなる前に「ブロック解除」です。

「こんなことを言ってしまう自分」「あえてＬＩＮＥの返事をしない自分」な

ど、細かく「ブロック解除」していってください。

逆に「彼に大事にされたい」「プロポーズしてほしい」という望みがある場合でも「ブロック解除」でいけますし、「別れるかどうか迷っている」というときにも有効です。

「マインドブロックバスター」のセッションにいらしたJさんも、同棲中の彼と「別れるかどうか」で悩んでいました。

ズルズルと同棲して数年。将来は結婚して子供がほしいと思っていたJさんでしたが、一緒に住んでいる男性に対して「結婚するのはこの人じゃない」と思っていました。しかし、なかなか別れられません。

そこで湧いてくる思いを順番に「ブロック解除」していきました。

「別れたい」→「ブロック解除」
「別れてひとりになるのが怖い」→「ブロック解除」
「新しい人が現れなかったらどうしよう」→「ブロック解除」
「彼が昔の優しかった彼に戻ってくれるかもしれない」→「ブロック解除」

その後すぐにJさんから電話をもらいました。

「実はあのあと、手荷物だけもって実家に戻ったんです。突然、『もう別れよう』って思いが降ってきて。すっきりしました！」

「ブロック解除」をしていくと、「潜在意識」が「あ、こっちですね」という方向に人生は進みます。

不倫で泥沼になっている、離婚しようか迷っている……などという答えの出ない状況にあっても、モヤッとすることを解除していくことで、結論が出てきます。それは本人が望んだ形ではないかもしれませんが、あとから考えてみたら「やっぱりこの道だった」と思える選択になると思います。

108のフレーズで「人間関係のブロック」一網打尽！

これまで多くの方のお悩みをうかがってきた中で、「人間関係のブロック」には大きく3つのパターンがあることがわかりました。

・「こんなことしたら、どう思われるかな」と、とにかく「人の目が気になる」
・「私が我慢してやってあげないと」と、とにかく「人の世話を焼いてしまう」
・「自分に自信がもてない」と、とにかく「人に認めてもらいたい」

この3つのグループに分けて、「お金のブロック」同様、「人間関係のブロック」に関する108のフレーズをご用意しました。

あまり深く考え込むのではなく、自分にも当てはまりそうなフレーズを直感でチェックして、「ブロック解除」してみてください。

「とにかく人の目が気になる」場合のフレーズ

□私は自分が嫌いだ／□パートナーの欠点ばかり目につく／□自分の親を許せない／□過去の自分を消したいと思う／□子供時代のよくない思い出ばかり振り返る／□気づくとため息をついている／□人生はかならずいいことの次に悪いことが起きると思う／□ワイドショーや週刊誌の見出しが気になる／□私が我慢すればいいんでしょうと思っている／□他人のＳＮＳの投稿を見て勝手に劣等感をもつ／□自分から手を挙げることができない／□誰か口火をきってくれないかと思う／□検討ばかりして決断できない／□どうせ自分の人生こんなものだと思う／□できるだけなんでも後回しにしたいと思う／□何事もない１日がいちばんいいと思う／□自分の気配を消して誰にも気づかれたくない／□気づくと特定の人の動向ばかりチェックしている／□片づけるのが苦手だ／□人前に出るのが苦手だ／□「いいね！」の数やコメントに一喜一憂する／□できたことよりできなかったことに目がいく／□できるだけ家でじっとしていたい／□他人が怒られていると自分のせいではないか？と感じる／□とにかく泣

かないようにしている／□人を褒めるのが実は苦手だ／□クレームをつけたいことがあっても我慢する／□なんでも誰かが解決してくれないかなあと思う／□日曜日の夕方以降、明日出勤だと思うと暗くなる／□子供時代あまり幸せでなかった／□気づくとお礼を言うチャンスを逃している／□とにかく言いたいことは我慢する／□出先ではお土産命！　買っては配りまくる／□すぐ発言する人が信用できない／□結果が出なくてもがんばっているのは偉いと思う／□自分の努力を誰も認めてくれないと思う／□とにかく手土産やお菓子をもっていく／□とにかく話しかけられるのが苦手／□自分だけいつでも損をしている気がする／□定時に帰りたくても人目が気になるのでかならず残業するようにしている

「とにかく人の世話を焼いてしまう」場合のフレーズ

□ほかの人が成功しているかどうかが気になる／□ごまかせるものはすべて嘘をついて切り抜けたい／□特定の人に対して我慢してしまう／□いつ死んでもいいやと思う／□孤独死したくない／□努力することから逃げたい／□ラクし

て得したいと願ってしまう／□人間関係も「お金」ではないか？と思っている／□自分はどうせこんな程度の人間なんだって思う／□世の中は不公平だと思う／□自分のことは誰も認めてくれないと思う／□私にはどうしても許せない人がいる／□将来介護されるようになって他人に迷惑をかけるかと思うと今から心配でたまらない／□誰からも好かれたい／□「めんどうくさい」「疲れた」が口癖／□本や雑誌はなるべく立ち読みする／□夫の両親にいい嫁だと思われたい／□反抗期の子供と衝突したくないと思う／□自己主張はとにかくしない／□オシャレすることに意欲が湧かない／□人に説明するのが苦手だ／□なんでも叶わないのではじめから願わないようにする／□自分はだいたい褒められることがないと思っていれば間違いない／□人が成功した話より失敗した話に興味がある／□一緒にいる人をとにかく観察して顔色をうかがっていないと落ち着かない／□自分の気持ちを言葉にするのにとにかく躊躇する／□私は絶対に幸せになれない／□私は不幸である／□私は誰のことも信用しない／□私はいっさい否定されたくない／□待ち合わせの時間には待たされたくない／□食べ物の好き嫌いはない／□自分から電話を切ることができない／□どれが好き、

と決めることができない／□食事をしているとき、周囲の人に気を取られて味がよくわからないことがある／□大人になってから心から楽しく遊んだことはない／□休みの日は休んだ気がしない／□毎日職場でイヤなことがある／□本当にしたいことは一生見つからない気がする／□寝る前に今日できなかったことを後悔ばかりする

「とにかく人に認めてもらいたい」場合のフレーズ

□何よりも「決断」ができない／□いつも最後までやり切らない／□スケジュールは誰かに決めてほしい／□名刺交換することが怖い／□誰からも好かれないのではないかと思ってしまう／□自分が会の告知をしても誰も来てくれないのではと思う／□誰かが私の人生を邪魔するだろうと思っている／□みんなに嫌われているような気がする／□食事では好きなものを最後まで取っておくほうだ／□自分の長所を認められない、人に言えない／□自分の夢は叶わないのではないかと思っている／□この世に安心なんてないと思っている／□どんな一歩でも踏み出すのが怖い／□自分の短所を言いなさいと言われたら多数あげ

られる／□すぐに心の中で無理と思ってしまう／□時間に遅れることがよくある／□他人と自分を比べて自分をダメだと思う／□私はきっと無視されるに違いない／□私は誰からも尊敬されることなどない／□メールの返信がすぐに来ないと自分は価値がない人間だと感じる／□ＳＮＳの友達登録を解除されると人格を否定されたような気がする／□どんなグループに属していても仲間外れにされているように感じる／□私は本当は傲慢である／□自分の言いたいことが伝わらない／□ときどき何もかもイヤになって失踪したくなる／□家出したら誰か探してくれるだろうか？とよく想像する／□誕生日が来ると歳を取ると思って憂鬱になる／□人前でかっこ悪いところを見せたくない

困ったことがあったら、なんでも「ブロック解除」

夢、お金、人間関係など様々なパターンでの「ブロック解除」を見てきましたがこれ以外にもあらゆるシーンで「ブロック解除」は使えます。

例えば、ダイエット。「ブロック解除」で食欲をコントロールしたり、スリムになる方って結構いらっしゃいます。

「痩せたいけど、なぜか食べてしまうんです！」ってこと、ありますよね。「痩せたい」と思えば思うほど食べてしまうのは、「潜在意識」的には理にかなっています。

「○○したい」という気持ちの「潜在意識」には「今は○○ではない」という反対の声があることは再三ご説明しましたが、「痩せたい！　痩せたい！」と思えば思うほど、「潜在意識」の「今は痩せてない！」の声が大きくなって、それが現実化してしまうのです。

だから、「痩せたい！」と思うたびに「ブロック解除」。

同じ「痩せたい！」でも、毎回「ブロックのイメージ」と「解除のイメージ」は違うと思いますが、それでOKです。なぜなら「ブロック解除」はするたびに「潜在意識」に変容が起きるから。昨日のダイエットの「ブロック解除」をした自分と今日のダイエットの「ブロック解除」をした自分は違います。新しい気持ちで「ブロック解除」していただければと思います。

「片づけたいけど、片づけられない！」

というお悩みも「ブロック解除」で解決します。

自分で片づけられるようになることもありますし、家族が片づけてくれたり、こまめに片づけなくてもいいような大きな家に住める、なんていうこともあるかもしれません。

「遅刻グセを直したい」「早寝早起きの習慣をつけたい」「忘れ物、なくしものを減らしたい」なんていう悪習慣にも効果大なので、ぜひ試していただければと思います。

おわりに

本書をお手に取ってくださったみなさん、ここまでお読みくださりありがとうございます。

とうとう11年間「マインドブロックバスター養成講座」のみで教えていた方法を公開いたしました！

潜在意識から「ブロック解除」をし、イヤなことをなくしたり、夢や願望を叶える「マインドブロックバスター」という技法の生まれた経緯や実際の方法についてお読みになって、どんなご感想をもたれましたか？

ひとつでも2つでも「ブロック解除」をされましたか？

このような形でみなさんに「ブロック解除」の方法を公開したのにはわけが

あります。

インターネットが普及し、世界中の人とつながることができるようになり、以前の「家庭や地域など狭い世界の中の『常識』が自分の価値観だった時代」は終わりました。

しかし、一方で溢れる情報に翻弄されたり、言葉の暴力に傷ついたりする人が多くなっています。

出会う前から心の中で妄想を膨らませ、怖れの感情から人間関係そのものを拒絶して心のシャッターを下ろしてしまう人、匿名だからと興味本位で無神経に人を傷つける発信をする人の存在に私は心を痛めています。

私は人と会って話すのが大好きで「ブロック解除」もずっとリアルで行ってきましたが、最近は感染症の脅威で、海外旅行をすることも国内で大勢の人に会うこともハードルが高くなってしまいました。

ただでさえ、心が萎縮してしまい、積極的に行動しにくい世の中で、せっかく「夢を叶えたい」「やりたいことに積極的にチャレンジしたい」という思いが湧いてきても、自分で自分の足を引っ張ってしまうとしたら、こんなに残念なことはありません。

私が「マインドブロックバスター」の技法を公開することで、ひとりでも２人でも「こんな簡単な方法で、夢の実現や新たなチャレンジを邪魔するマインドをセットアップできるんだ！」と気づいてくださったら、それが何よりうれしいです。

ぜひ、ちょっとでもモヤッとしたらこの本を開いて気軽に「ブロック解除」をしてみてください！

本書を直感でパッと開いて、気になるフレーズがあったら「あ、これブロック解除してみよう」と気軽にひとつ「ブロック解除」。

そんなふうにいつでもどこでも、お手軽にこの本を「使って」いただけることを願っています。

２０２１年秋　　栗山葉湖

Profile

栗山 葉湖（くりやま ようこ）
日本マインドブロックバスター協会代表

1967年生まれ　東京都出身。1990年神奈川大学外国語学部卒業。横浜市に中学校教諭として採用。中学校3校、特別支援学校2校で計20年勤務。2008年から趣味として複数のヒーリングワークにふれ、ワークショップや講座を受講、インストラクター資格を得る。
2009年11月、それまでの癒しの手法への疑問から独自に現在のマインドブロックバスターの技法を開発。体験した人からの口コミとSNSで人気を集め、セッション希望者が国内・海外から殺到。2010年に教職を辞し、マインドブロックバスター養成講座を開講。2021年3月に卒業生が1万人を超える。マインドブロックバスター体験者は10万人以上。「悩みが消えた」「願ったことが現実になる」「人生が変わった」など、多くの喜びの声が届いている。

一般社団法人 日本マインドブロックバスター協会
http://www.mindblock-buster.jp/

ブックデザイン　白畠かおり
イラスト　森ゆみ子
構成・編集　御友貴子

イライラがなくなる！　本当の願いがかなう！
いつでもどこでも3分で心のブロックが消える本

2021年11月20日　初版印刷
2021年11月30日　初版発行

著　者　栗山葉湖
発行者　小野寺優
発行所　株式会社河出書房新社
〒151-0051　東京都渋谷区千駄ヶ谷2-32-2
電話　03-3404-1201（営業）
03-3404-8611（編集）
https://www.kawade.co.jp/

印刷・製本　三松堂株式会社

Printed in Japan　ISBN978-4-309-28937-3